EXPÉRIENCES STUPÉFIANTES

TOME 2

97-B, Montée des Bouleaux, Saint-Constant, Qc, Canada, J5A 1A9
Internet : www.broquet.qc.ca Courriel : info@broquet.qc.ca
Tél. : 450 638-3338 Téléc. : 450 638-4338

Catalogage avant publication de Bibliothèque et Archives nationales du Québec et Bibliothèque et Archives Canada

Henry, Sally

    Expériences stupéfiantes. Tome 2

    Traduction de : The brillant book of experiments.

    Pour les jeunes de 8 ans et plus.

    ISBN 978-2-89654-371-7

    1. Sciences – Expériences – Ouvrages pour la jeunesse. I. Cook, Trevor, 1948-   . II. Titre.

    Q164.H4614 2013   j507.8   C2012-942654-7

Nous reconnaissons l'aide financière du gouvernement du Canada par l'entremise du Fonds du livre du Canada pour nos activités d'édition. Nous remercions également l'Association pour l'exportation du livre canadien (AELC), ainsi que le gouvernement du Québec : Programme de crédit d'impôt pour l'édition de livres – la Société de développement des entreprises culturelles (SODEC).

Copyright © 2013 Arcturus Publishing Limited
26/27 Bickels Yard, 151–153 Bermondsey Street,
London SE1 3 HA, Royaume Uni

Rédaction : Joe Harris et Samantha Noonan
Illustrations : Andrew Painter
Photograhie étape par étape : Sally Henry et Trevor Cook
Conseils en sciences : Sean Connolly
Conception graphique : Orwell Design

Pour l'édition canadienne en langue française
Copyright © Ottawa 2013 Broquet inc.
Dépôt légal – Bibliothèque et Archives nationales du Québec
2ᵉ trimestre 2013

Traduction : Vérane Bertino
Révision et correction : Lise Roy

ISBN : 978-2-89654-371-7

Imprimé à Singapour

Tous droits réservés. Aucun extrait de cette publication ne peut être reproduit ou utilisé sous quelque forme que ce soit par tous moyens électroniques ou mécaniques, y compris la photocopie, l'enregistrement ou par tout système d'archivage de l'information, sans l'autorisation écrite préalable de l'éditeur. L'autorisation n'est jamais accordée à des fins commerciales.

Références des illutrations :
Giani A. Sarcone et Marie-Jo Waeber : 55. Javier Trueba/MSF/Science Photo Library : 6–7. NASA : 42–43. Ocean/Corbis : 24–25. Photo Researchers/FLPA 64–65. Pinsharp 3D Graphics : 54. Science Photo Library (Steve Gschmeissner) : 82–83. Shutterstock : 22 (Rashevska Natalia), 41, 51, 67 (Thomas M. Perkins), 86, 93, 99, 102–103.
Couverture : Shutterstock (au centre : Morgan Lane Photography ; à gauche : Darrin Henry ; à droite : Dmitriy Shironosov).

CONTENU

LE MONDE MATÉRIEL ... 6
Fabrique ta propre lampe à lave ... 8
Volcan à la menthe ... 11
Fais un kebab aux ballons ... 14
Céréales magnétiques ... 16
Une bombe explosive ! ... 18
Étrange substance visqueuse ... 20
Nettoyant pour la monnaie ... 22

ATTRACTION ET RÉPULSION ... 24
Bataille de livres ... 26
Drôle d'eau ... 28
La bille folle ... 30
Papillons en équilibre ... 32
Fabrique ta propre boussole ... 34
Culbuto ... 36
Saut en parachute ... 39

CONTENU

IDÉES DE GÉNIE — 42

Kaléidoscope — 44

La galerie des miroirs — 47

Une boîte de ciel bleu — 50

Lunettes en 3D — 52

Illusion d'optique ! — 55

Plateau lumineux — 56

Fabrique ton propre zootrope — 59

Machine à arc-en-ciel — 62

C'EST VIVANT ! — 64

Ballon de levure — 66

Curieux céleri — 68

Quelle est la taille de tes poumons ? — 70

Comment plier un os de poulet — 72

Repas sur le pouce — 74

ADN de fraises — 77

Chasseurs d'insectes — 80

SUPERSONIQUE — 82

- Fabrique ta propre batterie — 84
- Papier sonore — 87
- Flamme dansante — 90
- Des os qui vibrent… Délirant ! — 92
- D'où vient ce son ? — 94
- Gazou en papier — 96
- Le gobelet strident — 98
- Anneau magique — 100

FASCINANT — 102

- Mini iceberg — 104
- Fabrique ta propre machine à rétrécir — 107
- Distillateur solaire — 110
- Sensation de chaud et de froid — 112
- Crème glacée en sac — 114
- Four solaire — 117
- Sculptures de savon — 120
- La pièce sauteuse — 122
- Ballon enflammé — 124
- La guerre des pots — 126

GLOSSAIRE — 128

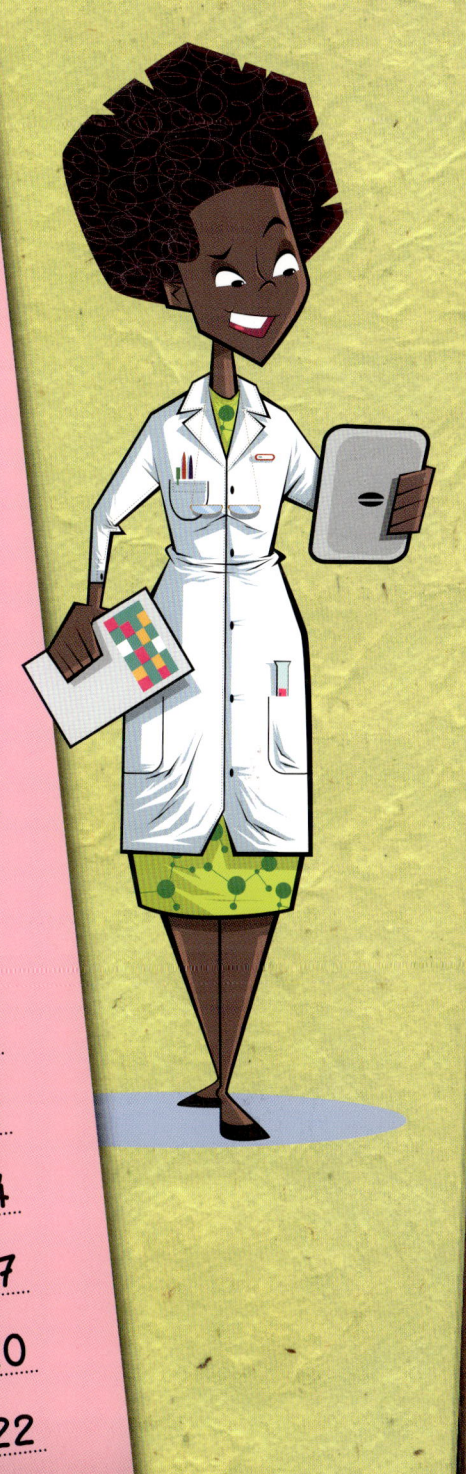

LE MONDE MATÉRIEL

Tout ce qui t'entoure est constitué de matière. En fait, tout ce qui te compose l'est aussi! Ce chapitre est rempli d'informations et d'expériences qui s'intéressent aux incroyables aspects scientifiques des matériaux.

Ces énormes colonnes se sont formées il y a des milliers d'années, à mesure que l'eau, riche en un minéral appelé gypse, s'infiltrait dans les grottes.

Fabrique ta propre lampe à lave

(ou lampe magma)

Les lampes à lave sont toujours fascinantes à observer. Voici maintenant comment fabriquer la tienne !

IL TE FAUT :

★ Une bouteille ou un pot en plastique propre
★ Un entonnoir
★ De l'huile végétale
★ Des colorants alimentaires
★ Un comprimé de vitamines effervescent
★ Une lampe de poche
★ De l'eau

Étape 1

Remplis une bouteille ou un pot en plastique d'eau jusqu'au quart. Ajoute 10 gouttes de colorant alimentaire.

Étape 2

Remplis la bouteille d'huile végétale jusqu'en haut.

Étape 3
Casse le comprimé de vitamines en quatre morceaux.

Étape 4
Mets un morceau de comprimé dans la bouteille et observe le résultat.

Étape 5
Pour obtenir un meilleur effet, éteins les lumières, allume ta lampe de poche et dirige-la sur la bouteille pour en faire briller l'intérieur.

J'ai « magma » aimé cette expérience!

VOLCAN À LA MENTHE

Prépare-toi à une éruption comestible ! Dans cette expérience, tu découvriras qu'en mélangeant des bonbons mous à la menthe et du coca-cola allégé, tu peux obtenir des résultats explosifs.

ATTENTION !
Demande à un adulte de t'aider pour manipuler l'eau chaude.

IL TE FAUT :
- Deux paquets de gélatine aromatisée à la fraise
- Un paquet de bonbons mous à la menthe
- De l'eau chaude
- Un grand bol à mélanger
- Un petit verre
- Une cannette de coca-cola allégé
- Une assiette
- Un plateau

Étape 1
Prends deux paquets de gélatine et suis les instructions indiquées dessus pour obtenir le mélange de gélatine.

Étape 2
Prends un grand bol et déposes-y un verre à l'envers dans le fond.

Étape 3
Verse le mélange de gélatine dans le bol et assure-toi de bien recouvrir le verre.

Étape 4
Mets le bol au réfrigérateur pour que la gélatine se solidifie. Une fois la gélatine figée, retourne le bol sur une assiette plate et retire le verre.

Étape 5
Dépose l'assiette sur un plateau. Verse le coca-cola allégé dans le trou laissé par le verre.

Étape 6

Mets six bonbons mous à la menthe dans le coca-cola. Attention, le volcan va entrer en éruption !

KABOOM!

Ajoute plus de coca-cola si tu veux.

Cette expérience est assez bonne pour être dégustée... si tu es assez courageux !

COMMENT ÇA FONCTIONNE ?

Les bulles du coca-cola sont composées de gaz carbonique et ont été introduites à la boisson sous pression. Lorsque tu mets un bonbon mou à la menthe dans le soda, les bulles de dioxyde de carbone se rassemblent et se logent dans les mini trous qui se trouvent à la surface du bonbon. Les bulles sont ensuite expulsées sous forme d'éruption.

FAIS UN KEBAB AUX BALLONS

Il est impossible de planter un objet pointu dans un ballon sans le faire éclater, n'est-ce pas ? Faux ! Surprends ta famille et tes amis en réalisant un véritable kebab aux ballons.

IL TE FAUT :
- Des ballons en caoutchouc
- Une brochette à kebab en bois
- De l'huile végétale

Étape 1
Gonfle un ballon jusqu'à environ la moitié de sa pleine capacité et fais un nœud à l'extrémité.

Personne ne pourra croire en ces résultats, mais ça marche vraiment !

Étape 2
Tiens le ballon dans une main et la brochette à kebab dans l'autre.

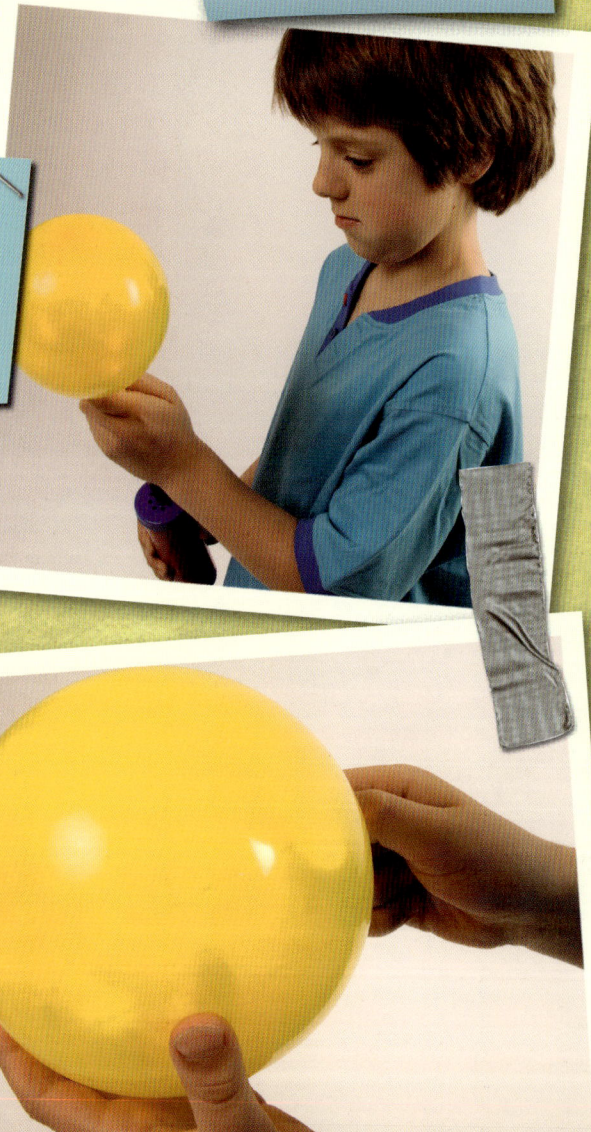

Étape 3
Enfonce la pointe de la brochette dans le ballon, près du nœud.

Badigeonne la brochette d'un peu d'huile végétale au moyen d'un chiffon afin qu'elle glisse plus facilement à l'intérieur du ballon.

Étape 4
Enfonce la brochette dans le ballon très délicatement, tout en tournant au fur et à mesure que tu pousses. Arrange-toi pour la faire ressortir du côté opposé du ballon, au centre de l'autre extrémité.

Étape 5
Si ta brochette est longue ou que tu as de petits ballons, essaie d'ajouter d'autres ballons – pour en faire un kebab !

Étape 6
Si tu enfonces la brochette au centre du ballon, celui-ci éclatera.

COMMENT ÇA FONCTIONNE ?

Normalement, si on plante une brochette à kebab dans un ballon, la membrane en caoutchouc se déchire et le ballon éclate. Cette membrane est très tendue en raison de l'air pressurisé qui se trouve à l'intérieur du ballon, ce qui fait que le moindre petit trou laissera l'air s'échapper en un instant. Néanmoins, la membrane n'est pas aussi tendue aux extrémités du ballon. C'est pourquoi tu peux enfoncer la brochette à cet endroit-là sans que le ballon n'éclate - pourvu que tu sois prudent.

CÉRÉALES MAGNÉTIQUES

Le fer que renferment les aliments est-il le même que celui qui se trouve dans le métal ? Fais cette expérience pour le découvrir.

IL TE FAUT :

* Des céréales enrichies en fer (mentionné en petits caractères sur la boîte)
* Un rouleau à pâtisserie
* Un petit sac en plastique
* Un aimant très puissant - un aimant en néodyme fonctionnera bien
* Un bol à céréales
* De l'eau

Étape 1
Écrase une partie des céréales en une fine poudre après les avoir mises dans un sac en plastique.

Grâce au sac, les céréales restent ensemble.

Oh non ! Éloigne l'aimant de moi !

Étape 2
Mets l'aimant dans le sac et fais-le rouler dans la poudre de céréales.

Étape 3
Sors l'aimant du sac. Il devrait être parsemé de miettes de céréales.

Étape 4
Prends un bol à céréales propre et remplis-le d'eau presque jusqu'en haut.

Secoue-le pour essayer d'enlever les miettes - l'attraction magnétique t'en empêchera!

Étape 5
Lorsque l'eau cesse de s'agiter, dépose un gros flocon de céréales à la surface, au centre du bol.

Étape 6
En tenant ton aimant juste au-dessus du flocon de céréales, tu devrais être capable de le déplacer à la surface de l'eau sans y toucher!

COMMENT ÇA FONCTIONNE ?

Cette expérience montre que les céréales enrichies, comme beaucoup d'autres aliments, renferment de petites quantités de fer. Il est très important que ton alimentation contienne suffisamment de fer. Le fer permet au sang de transporter l'oxygène dans ton organisme. Si tu en manques, tu pourrais éprouver de la fatigue et ne pas te sentir bien.

UNE BOMBE EXPLOSIVE!

IL TE FAUT :
- De l'eau
- Un verre doseur (ou une tasse à mesurer)
- Un sac en plastique avec fermeture à glissière
- Une feuille de papier absorbant
- 2 cuillères à soupe de bicarbonate de soude
- Du vinaigre

Amusante et sécuritaire, cette bombe provoquera une forte explosion !

Étape 1
Trouve un endroit où tu es autorisé à faire des dégâts – à l'extérieur ou peut-être dans la salle de bain s'il ne fait pas beau.

Étape 2
Vérifie que ton sac n'a pas de fuites. Remplis-le d'eau, referme-le hermétiquement et retourne-le. Si tu ne vois pas d'eau s'écouler du sac, tu peux l'utiliser.

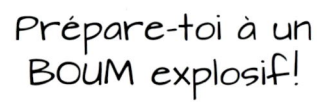

Prépare-toi à un BOUM explosif !

Étape 3
Déchire un morceau de papier absorbant ; un carré d'environ 13 cm (5 po). Dépose l'équivalent de 2 cuillères à soupe de bicarbonate de soude au centre du carré et replies-en les bords.

Étape 4

Mélange 300 ml (10 onces liquides) de vinaigre et 150 ml (5 onces liquides) d'eau chaude. Verse le tout dans le sac en plastique.

Étape 5

Mets le paquet en papier absorbant dans le sac, tout en le tenant par le coin, pendant que tu refermes hermétiquement le sac afin qu'il n'entre pas en contact avec le vinaigre.

Étape 6

Dépose le sac par terre et éloigne-toi !

Étape 7

Le sac gonflera…

Étape 8

… puis il explosera !

COMMENT ÇA FONCTIONNE ?

Le vinaigre est un acide et le bicarbonate de soude, une base. Lorsque tu mélanges un acide et une base ensemble, ils réagissent et se transforment en différents produits chimiques. Habituellement, ils se transforment en un mélange d'eau et de sel et ils peuvent aussi parfois se changer en gaz. C'est ce qui se passe dans notre expérience ; lorsque le gaz carbonique se forme, l'espace dans le sac plastique devient insuffisant. La pression finit par s'accumuler et le sac gonfle jusqu'à ce qu'il explose et libère le gaz.

ÉTRANGE SUBSTANCE VISQUEUSE

IL TE FAUT :
- 120 g (1 tasse) de fécule de maïs
- 125 ml (½ tasse) d'eau
- Un bol à mélanger
- Du colorant alimentaire

Cette étrange substance visqueuse n'est pas vraiment liquide, mais elle n'est pas solide non plus ! Fabriques-en et vois par toi-même de quel type de matière il s'agit.

Étape 1
Verse 120 g de fécule de maïs dans un bol à mélanger. Que penses-tu de la texture de la fécule de maïs ?

Étape 2
Ajoute deux gouttes de colorant alimentaire dans l'eau. Il ne t'en faut vraiment pas beaucoup !

Étape 3
Verse l'eau dans la fécule et mélange le tout avec tes doigts. Que penses-tu de la texture ?

Étape 4

Presse le liquide que tu as fabriqué dans ta main en essayant de faire une boule. Le liquide va devenir solide !

Étape 5

Laisse la substance visqueuse se déposer dans le fond du bol. Touche d'abord délicatement la surface, puis appuie fermement.

Ma substance visqueuse est en vie ! Je crois que je vais l'appeler « Bob ».

Comment vas-tu ?

Étape 6

Si tu gardes ta main immobile, la substance redeviendra liquide et coulera entre tes doigts.

COMMENT ÇA FONCTIONNE ?

Lorsque ce mélange est mis sous pression, les molécules contenues dans la fécule de maïs s'agglomèrent et il se comporte comme un solide. En revanche, lorsqu'il est manipulé délicatement, les molécules qui le constituent se déplacent librement et il coule comme un liquide.

NETTOYANT POUR LA MONNAIE

IL TE FAUT :
* Des pièces de monnaie sales
* Du coca-cola
* Un récipient en plastique
* Du papier absorbant
* Une vieille brosse à dents

Nombreuses sont les personnes qui aiment collectionner les pièces de monnaie des différents pays. Toutefois, celles-ci ternissent facilement et peuvent rapidement avoir l'air sale. Voici comment leur redonner un coup d'éclat.

Étape 1
Prends des pièces sales. Pourquoi ne pas prendre une photo afin de comparer ensuite les résultats ?

Étape 2
Rince une pièce sous l'eau pour éliminer la poussière.

Étape 3
Mets la pièce dans un récipient en plastique et verses-y du coca-cola.

Étape 4

Après 20 minutes, retire la pièce du récipient et sèche-la avec des feuilles de papier absorbant.

Étape 5

Répète le processus jusqu'à ce que la pièce soit propre. Lorsqu'une pièce est vraiment sale, il peut être utile de la frotter avec le coca-cola au moyen d'une vieille brosse à dents.

Étape 6

Prends des photos de tes pièces à différents moments afin d'observer le changement. Voici les résultats que nous avons obtenus pour une pièce de monnaie très sale après 30 minutes, 2 heures, 6 heures, 12 heures et un jour.

Avec des pièces aussi propres et brillantes, j'ai l'impression d'avoir un million de dollars!

COMMENT ÇA FONCTIONNE ?

Les boissons de type coca-cola sont plus acides que tu ne pourrais le croire! Le coca-cola élimine la couche supérieure des pièces par corrosion; c'est ce qui leur donne un aspect propre.

ATTRACTION ET RÉPULSION

Dans ce chapitre, nous explorerons la science des forces. Nous sommes constamment entourés de forces et celles-ci agissent sur nous en permanence !

Cet homme fait du surf aérien (planche aérienne) en haute altitude ! Cela est possible grâce aux forces de la gravité (qui l'attirent vers le sol) et à la résistance de l'air (qui ralentit sa chute).

BATAILLE DE LIVRES

IL TE FAUT :
* Deux annuaires ou deux gros catalogues dont les pages sont minces
* Deux volontaires

Ce fabuleux tour pourrait ressembler à de la science-fiction, mais tout est en fait question de friction !

Mets tes amis au défi : « Je parie que t'es incapable de séparer ces livres ! »

Étape 1
Prends deux gros livres épais avec beaucoup de pages.

Étape 2
Tourne une page de chaque livre tour à tour afin qu'elles se chevauchent de quelques centimètres.

Étape 3
Continue jusqu'à ce que les livres soient entièrement réunis.

Étape 4
Trouve deux volontaires et demande-leur s'ils pensent être capables de séparer les livres. Ça a l'air facile, mais c'est en fait impossible !

COMMENT ÇA FONCTIONNE ?

Lorsque tu fais glisser deux pages l'une sur l'autre, une force appelée friction s'oppose au mouvement. Par conséquent, lorsque toutes les pages d'un livre se chevauchent avec celles d'un autre livre, comme dans notre expérience, cette friction est multipliée par le nombre de pages. Comme cela fait beaucoup de friction, il est impossible pour quiconque de séparer les deux livres !

DRÔLE D'EAU

Voici une petite expérience scientifique diaboliquement ingénieuse qui se trouve être un tour de magie idéal à réaliser auprès de tes amis et de ta famille !

IL TE FAUT :
- Une bouteille en plastique
- De l'eau
- Une punaise
- Un endroit à l'extérieur - cette expérience pourrait causer des dégâts !

Étape 1
Remplis une bouteille en plastique d'eau à ras bord.

Étape 2
Visse bien le bouchon.

Quelle expérience « débordante » d'inventivité !

Étape 3

Fais des trous tout autour de la bouteille avec une punaise. L'eau ne sortira pas – pas encore ! Apporte alors ta bouteille dans un endroit que tu n'as pas peur de mouiller.

Étape 4

Demande à un ami s'il veut boire et donne-lui la bouteille.

Étape 5

Lorsqu'il ouvrira le bouchon… l'eau sortira par les trous. C'est la douche garantie !

Maintenant, essaie ça :

Fais la même expérience avec un contenant souple, comme un grand sac en plastique. Remplis le sac d'eau, tiens-le avec une main, tout en faisant des trous de l'autre main avec la punaise.

COMMENT ÇA FONCTIONNE ?

L'eau ne peut pas s'échapper par les trous tant que le bouchon est vissé, parce que la pression de l'air qui agit sur la paroi interne de la bouteille est plus importante que la force gravitationnelle de l'eau. Néanmoins, lorsque le bouchon est dévissé, l'air se précipite à l'intérieur et ajoute sa force à la gravité… et SPLASH !

LA BILLE FOLLE

IL TE FAUT :
- Un verre à vin ou à cognac
- Une bille
- Beaucoup de patience et de pratique
- Un public à qui montrer ton tour !

Voici une autre expérience qui peut te servir de tour de magie. Annonce à ta famille et à tes amis que tu vas faire léviter une bille à l'intérieur d'un verre sans la toucher.

Étape 1
Il te faut un verre à vin ou à cognac de cette forme-là.

Cette partie est appelée le «ballon» (ou calice). Pour cette expérience, elle doit être plus large au milieu et étroite au sommet.

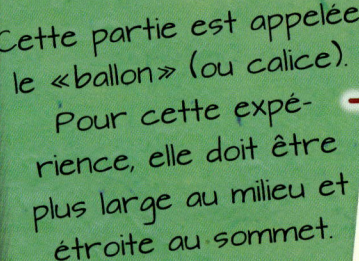

Étape 2
Demande à un volontaire de faire léviter une bille sans la toucher ou d'utiliser un verre pour la ramasser. Il n'y arrivera pas !

Étape 3
Montre-lui maintenant comment s'y prendre. Dépose le verre au-dessus de la bille. En le tenant par la base, commence à le remuer en un léger mouvement circulaire.

Étape 4

La bille devrait commencer à tourner à l'intérieur du verre.

Étape 5

Si tu fais tourner la bille à la bonne vitesse, tu devrais être capable de la maintenir en mouvement dans la partie la plus large du ballon. Soulève le verre à mesure que tu le fais tourner. Voilà qui impressionnera ton public !

COMMENT ÇA FONCTIONNE ?

Dans cette expérience, deux forces s'opposent : la gravité et la force centrifuge. Tant que la bille tourne suffisamment rapidement, la force centrifuge qui la pousse vers l'extérieur dans la partie la plus large du verre sera plus grande que la gravité qui l'attire vers le bas. Ainsi, la bille continuera à tourner dans le verre au lieu de tomber.

Voilà qui donne un nouveau tournant à la gravité !

Papillons en équilibre

Est-il possible de faire tenir un bout de papier en équilibre sur un seul doigt ? Évidemment ! Voici comment réaliser un magnifique papillon en équilibre.

IL TE FAUT :
- Des feuilles de carton mince
- Du papier à calquer
- Des épingles
- Une paire de ciseaux
- Un feutre noir
- Des feutres de couleur ou des tubes de peinture
- Un crayon à mine
- Des petites pièces de monnaie
- De la colle universelle

Étape 1
Dessine un papillon sur une feuille de carton mince. Les extrémités des ailes doivent dépasser la tête.

Étape 2
Repasse les contours au feutre noir. Décore le corps et les ailes avec des feutres de couleur ou de la peinture.

Étape 3
Découpe les contours avec des ciseaux.

Étape 4

Colle les pièces de monnaie sur les extrémités des ailes.

Étape 5

Plie légèrement les ailes vers le bas.

Étape 6

Le point d'équilibre devrait se trouver près de la tête, selon le poids des pièces et l'épaisseur du carton que tu auras choisis.

Étape 7

Tu devrais pouvoir faire tenir le papillon en équilibre sur le bout de ton doigt!

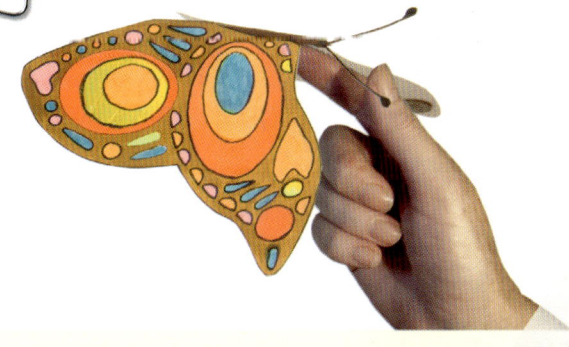

Étape 8

Tu peux décorer ta chambre en mettant des papillons partout, sur les meubles, les miroirs, les bibelots, les pots de fleurs – partout où ils pourront se tenir en équilibre!

Ces papillons font de superbes décorations!

COMMENT ÇA FONCTIONNE ?

En collant des pièces sur les ailes de ton papillon, tu ajoutes du poids à l'avant et le centre de gravité se déplace quasiment juste au milieu, là où tu mets ton doigt, ce qui te permet de facilement maintenir ton papillon en équilibre.

FABRIQUE TA PROPRE BOUSSOLE

Tu ne te perdras plus jamais lorsque tu auras appris à fabriquer ta propre boussole !

Étape 1

Tiens une aiguille dans ta main et frotte-la une cinquantaine de fois avec le côté nord de l'aimant sur toute sa longueur, dans le même sens, de la pointe au chas.

Frotte dans ce sens.

IL TE FAUT :

- Un verre
- De l'eau
- Une aiguille à coudre (attention à la pointe !)
- Une feuille de carton mince
- Une paire de ciseaux
- Un crayon à mine
- Des feutres de couleur
- Une barre aimantée

Étape 2

À l'aide de ciseaux, découpe un morceau de carton en forme de flèche, à peine plus long que l'aiguille.

Étape 3

Enfile l'aiguille sur la flèche de carton, en t'assurant que son extrémité correspond à la pointe de la flèche.

Étape 4

Remplis un verre d'eau.

CULBUTO

Ce culbuto est parfait pour un cadeau! Peu importe à quel point il remue, il ne pourra jamais tomber.

IL TE FAUT :
- Une balle de ping-pong
- Une paire de ciseaux
- Un morceau de papier
- Une règle
- Un crayon à mine
- Des feutres de couleur
- Du ruban adhésif
- De la pâte à modeler
- Un bâton de colle

Étape 1
Demande à un adulte de couper une balle de ping-pong en deux à l'aide de ciseaux.

Étape 2
Découpe un rectangle de papier mesurant 13 cm x 5 cm (5 po x 2 po). Trace une ligne à environ 1 cm (0,5 po) du bord sur l'un des côtés les plus étroits.

Si tu le renverses, il se redressera immédiatement!

Étape 3

Dessine un visage et un corps sur le morceau de papier. Nous avons choisi de dessiner une fée, mais tu trouveras d'autres idées de décoration à la page 38.

Dessine ton personnage au centre du papier.

Étape 4

Roule le papier pour obtenir un tube en faisant se chevaucher les bords jusqu'au trait de crayon. Fixe le tout avec le tube de colle.

Étape 5

Colle la moitié de la balle à chaque extrémité du tube au moyen du ruban adhésif. Finis de dessiner le dessus de la tête.

Étape 6

La figurine ne se tient pas encore debout !

Étape 7

Retire la base. Insère un morceau de pâte à modeler au centre de la demi-balle et recolle-la sur le corps.

SAUT EN PARACHUTE

Il est temps de parachuter des commandos de liège derrière les lignes ennemies. Quel type de parachute fonctionne le mieux ?

IL TE FAUT :

* De la ficelle
* Des matériaux pour fabriquer des parachutes, comme des sacs à provisions en plastique, du papier, ainsi que de l'aluminium et du papier de soie
* Un crayon à mine
* Une règle
* Une paire de ciseaux
* Du ruban adhésif
* Un bouchon de liège
* Un petit crochet fermé
* Une balance de cuisine
* Une chaise solide
* Un chronomètre (sur un téléphone mobile ou une montre)

Étape 1

Au moyen de ciseaux, découpe un carré de 30 cm (12 po) de côté dans un sac à provisions en plastique.

Étape 2

Découpe quatre morceaux de ficelle d'une longueur de 30 cm (12 po). Attache l'une des extrémités de chaque morceau de ficelle à un coin du carré en plastique.

Étape 6

Fabrique des parachutes de différentes tailles avec différents matériaux. Tu peux aussi utiliser d'autres objets pour lester ton parachute, comme des jouets en plastique. Laisse-les tomber de la même hauteur.

Étape 7

Fais un tableau pour voir quelles sont les caractéristiques qui permettent de fabriquer le meilleur parachute. Chronomètre tes essais. Mesure la taille et le poids de chaque parachute.

Taille	Poids	Matériau	Temps

COMMENT ÇA FONCTIONNE ?

Un parachute fonctionne parce qu'il crée une résistance dans l'air. Il s'agit d'un type de friction qui s'oppose à la force de la gravité. La meilleure façon d'augmenter la résistance de l'air consiste à fabriquer une surface aussi grande que possible. C'est donc probablement la taille de ton parachute plutôt que tout autre élément qui fera la différence.

IDÉES DE GÉNIE

Dans ce chapitre, nous étudierons la science qui entoure le phénomène le plus rapide de l'univers : la lumière ! Si tu te poses la question, sache qu'elle se déplace à 300 000 km (186 000 milles) par seconde…

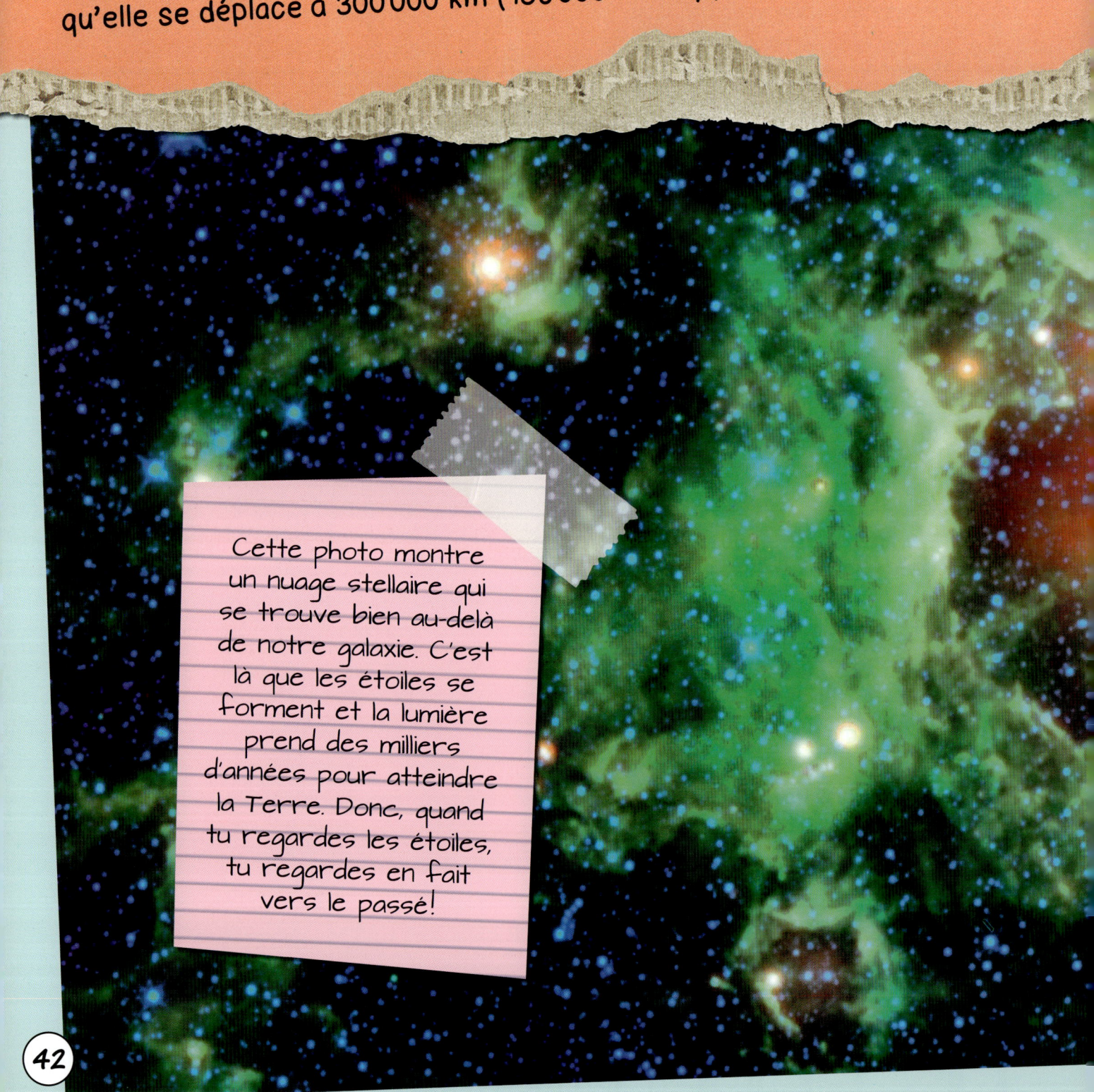

Cette photo montre un nuage stellaire qui se trouve bien au-delà de notre galaxie. C'est là que les étoiles se forment et la lumière prend des milliers d'années pour atteindre la Terre. Donc, quand tu regardes les étoiles, tu regardes en fait vers le passé !

KALÉIDOSCOPE

Réalise des milliers de modèles extraordinaires en couleur avec ton propre kaléidoscope !

IL TE FAUT :

- Un tube de papier absorbant (rouleau vide)
- Un compas
- Du papier et une feuille de carton mince de couleur noire
- Un stylo ou un crayon à mine
- Du carton métallisé (façon miroir)
- Une règle
- Une paire de ciseaux
- Du ruban adhésif
- Du ruban de couleur
- Une punaise
- Du film plastique
- Du papier à calquer
- Des confettis en plastique de couleur
- Du papier d'emballage de couleur

Étape 1

Trace le contour de l'extrémité d'un tube de papier absorbant sur une feuille de papier. Ouvre ton compas afin que la pointe se trouve sur le cercle et que le crayon soit exactement au centre de celui-ci. Reproduis la forme illustrée en pointillés, puis trace la base du triangle. Ensuite, mesure cette ligne. Les deux autres lignes de ton triangle doivent être exactement de la même longueur.

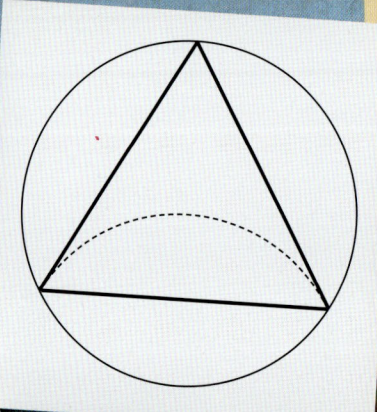

Étape 2

En utilisant la règle, dessine un rectangle de la même longueur que le tube en carton sur le verso de la feuille de carton métallisé. Délimite trois zones de la même largeur que les côtés de ton triangle.

Étape 3

Plie la feuille de carton métallisé en suivant les lignes afin d'obtenir une forme triangulaire. Le côté réfléchissant devrait se trouver à l'intérieur. Fais ensuite glisser le tout dans le tube de papier absorbant.

Étape 4

Trace le contour de l'extrémité du tube sur un morceau de carton noir. Découpe le cercle ainsi obtenu à l'aide de ciseaux.

Étape 5

Colle le cercle à l'extrémité du tube au moyen de ruban adhésif. Fais un trou au centre de ce cercle.

Utilise une punaise pour faire le trou.

Étape 6

Retourne le tube. Recouvre cette extrémité de film plastique en fixant celui-ci avec du ruban adhésif.

Étape 7

Découpe une bande de carton mince d'une largeur de 2,5 cm (1 po) et colle-la tout autour de l'extrémité du tube. Assure-toi qu'elle dépasse légèrement de l'extrémité du tube.

Étape 8

Dépose des confettis de plastique de couleur sur le dessus du film plastique.

Nous avons choisi du ruban rouge pour la finition.

Tu vas bientôt pouvoir observer des modèles hallucinants!

Étape 9

Trace le contour de l'extrémité du tube sur du papier à calquer. Découpe le cercle ainsi obtenu, tout en laissant un espace d'environ 1 cm (0,5 po). Ensuite, découpe des petits rabats tout autour du cercle. Dépose cette forme sur le dessus du tube et colle les rabats avec du ruban adhésif.

Étape 10

Décore le tube avec le papier d'emballage de couleur.

Étape 11

Tiens ton kaléidoscope face à la lumière. Regarde dans le trou et fais tourner ton tube. Que vois-tu ?

COMMENT ÇA FONCTIONNE ?

La lumière se déplace normalement en ligne droite. Lorsqu'elle heurte un miroir, elle se reflète dans une autre direction - c'est ce qu'on appelle la réflexion. Dans un kaléidoscope, la lumière se réfléchit sur les miroirs dans un sens puis dans l'autre, à l'infini, créant ainsi de multiples réflexions des objets en couleur qui se trouvent à l'intérieur.

LA GALERIE DES MIROIRS

IL TE FAUT :

* Une grosse cuillère qui brille
* 2 boîtes en carton peu profondes (par ex. : couvercles de boîte à chaussures)
* Quatre feuilles de carton mince métallisé
* Du ruban adhésif
* Une paire de ciseaux
* Un couteau à lame rétractable
* Pâte adhésive
* Du carton mince noir

As-tu déjà eu l'occasion de te regarder dans ces miroirs déformants que l'on trouve dans les fêtes foraines ? Ils peuvent te donner l'impression que tu es plus grand, plus petit, plus gros, plus mince ou tout simplement bizarre ! Tu peux dorénavant fabriquer tes propres miroirs déformants chez toi.

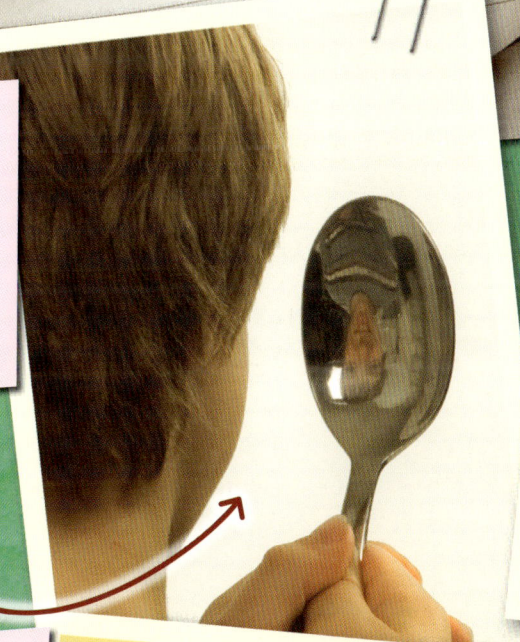

Étape 1

Regarde ton reflet dans une cuillère qui brille. Quelles différences peux-tu observer de chaque côté ?

On dit d'une surface arrondie comme celle-là qu'elle est CONCAVE.

On dit d'une surface arrondie comme celle-là qu'elle est CONVEXE.

Étape 2

Fabriquons des miroirs pour pouvoir voir ces effets plus clairement ! Recouvre les parois intérieures d'une boîte en carton peu profonde avec du carton noir. Renforce les coins avec du ruban adhésif.

Étape 3

Mesure l'intérieur de ta boîte. Puis découpe un morceau de carton mince métallisé ou de plastique de la même largeur que la boîte, mais plus long d'environ 5 cm (2 po).

Étape 4

Courbe le miroir pour le faire entrer dans la boîte. Les côtés devraient permettre de le maintenir en place.

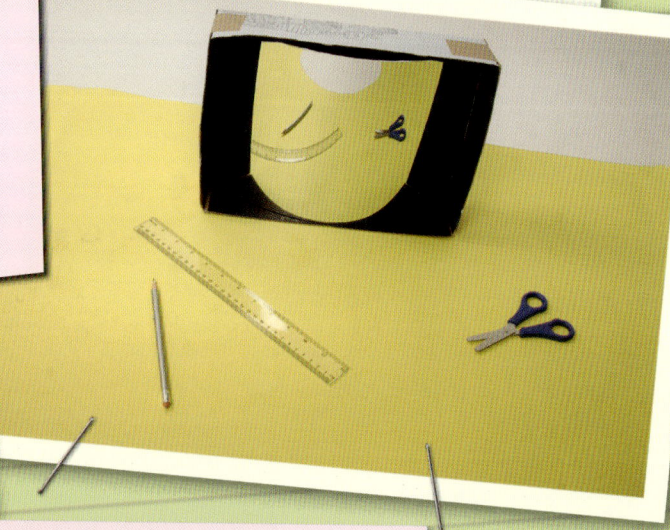

Étape 5

Découpe le fond d'une autre boîte de carton à l'aide des ciseaux, tout en laissant 1,2 cm (0,5 po) tout autour.

Étape 6

Prépare la feuille de carton métallisé comme la précédente, mais, cette fois-ci, courbe-la dans l'autre sens.

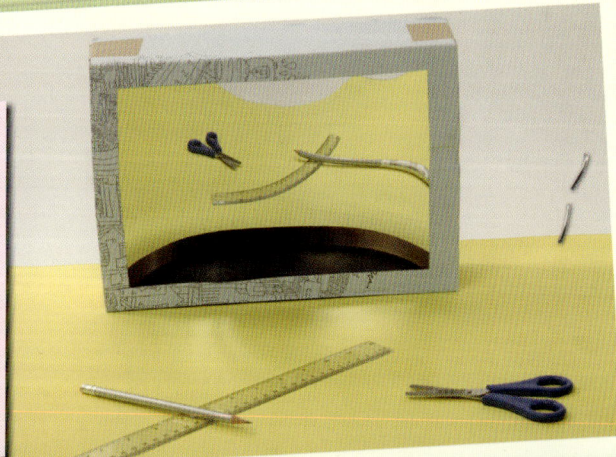

Étape 7

Demande à un adulte de t'aider pour découper des feuilles de carton métallisé de différentes façons à l'aide du couteau à lame rétractable.

Étape 8

Colle les morceaux de carton métallisé ainsi obtenus sur une feuille de carton noir ou de couleur avec de la pâte adhésive. Décore les cadres avec du papier de couleur. Voilà maintenant quatre miroirs que tu pourras utiliser dans ta galerie des miroirs!

COMMENT ÇA FONCTIONNE ?

Lorsque la lumière heurte la surface d'un miroir, la direction de la lumière qui se réfléchit dépend de la forme du miroir. On dit d'un miroir qui fait saillie vers l'extérieur qu'il est convexe. Les miroirs convexes donnent aux objets une apparence allongée. En revanche, un miroir qui fait saillie vers l'intérieur est concave. Les miroirs concaves rapetissent les objets et peuvent même donner l'impression qu'ils sont à l'envers! Cela dépend de la distance à laquelle tu te tiens.

Est-ce que ce reflet me va bien?

UNE BOÎTE DE CIEL BLEU

IL TE FAUT :
- Un grand récipient en plastique ou en verre propre
- Une lampe de poche
- Une cuillère
- Du lait
- De l'eau
- Des livres

T'es-tu déjà demandé pourquoi le ciel est bleu lorsqu'il est éclairé par le soleil, alors que celui-ci a l'air orange ? Voici une expérience simple qui t'explique comment tout ça fonctionne.

Étape 1
Remplis un récipient d'eau jusqu'aux trois quarts. Ajoute un peu de lait dans l'eau, puis mélange le tout avec une cuillère.

Étape 2
Pose la lampe de poche sur une pile de livres afin qu'elle éclaire le centre du récipient.

Étape 3

Allume la lampe de poche pour qu'elle éclaire l'eau, mais tiens-toi sur le côté du faisceau lumineux. Ajoute encore du lait dans l'eau avant de mélanger. Après un moment, tu constateras que la lumière est devenue bleue.

Dans notre expérience, l'eau laiteuse devient comme le ciel.

Étape 4

Tiens-toi maintenant face à la lampe de poche. Le faisceau paraîtra orange!

COMMENT ÇA FONCTIONNE?

Lorsque le soleil brille dans l'atmosphère, la lumière des différentes couleurs est réfléchie par les particules de l'air. La lumière bleue étant plus réfléchie que celle de toute autre couleur, le ciel semble bleu quel que soit l'endroit d'où tu l'observes. C'est exactement ce qui se passe dans notre expérience, lorsque la lumière est réfléchie par le lait.

Étant donné que le rouge et le jaune sont moins réfléchis que le bleu, le faisceau lumineux de la lampe de poche a l'air orange lorsque tu le regardes. C'est pour cette raison que le soleil semble orange.

LUNETTES EN 3D

Regarde d'extra-ordinaires images en 3D grâce à tes propres lunettes bricolées maison !

IL TE FAUT :

★ Une feuille de carton mince

★ Des feuilles de plastique de couleur (rouge et bleu-vert), dans un magasin de matériel artistique (Mylar)

★ Du ruban adhésif

★ Un bâton de colle

★ Une paire de ciseaux

★ Des images en 3D (voir à la page 54)

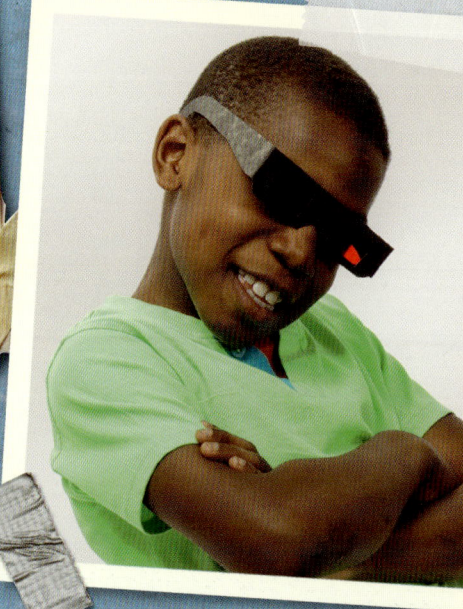

Étape 1

Copie le modèle de la page ci-contre et découpe les trois parties qui forment les lunettes. Plie la partie centrale en suivant la ligne en pointillé.

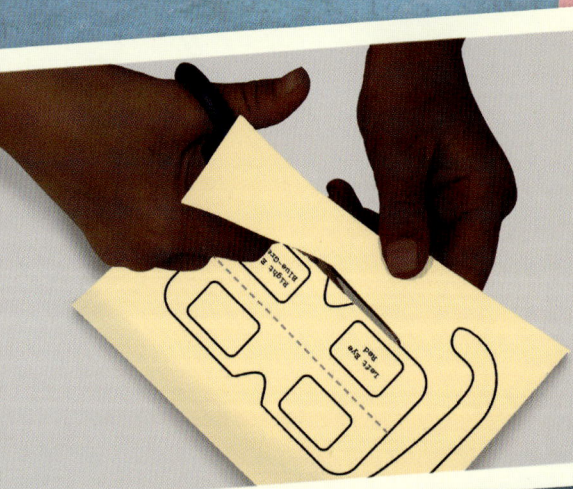

Étape 3

Plie les rabats qui se trouvent sur les branches en suivant les pointillés et fixe-les à la monture avec le bâton de colle ou le ruban adhésif.

Étape 2

Découpe deux rectangles de plastique de couleur – l'un doit être bleu-vert et l'autre, rouge. Colle-les sur les lunettes, à l'emplacement des verres.

Étape 4

Replie la monture afin de sceller les verres et les rabats des branches. Fixe le tout avec du ruban adhésif.

COMMENT ÇA FONCTIONNE ?

Avec le verre de couleur bleu-vert, il est difficile de voir le bleu et le vert, mais tu peux néanmoins voir le rouge. Avec le verre rouge, c'est l'inverse. Ton cerveau tente d'interpréter les différentes images qu'il perçoit et chaque œil transforme alors ces images en 3D pour être capable de les voir !

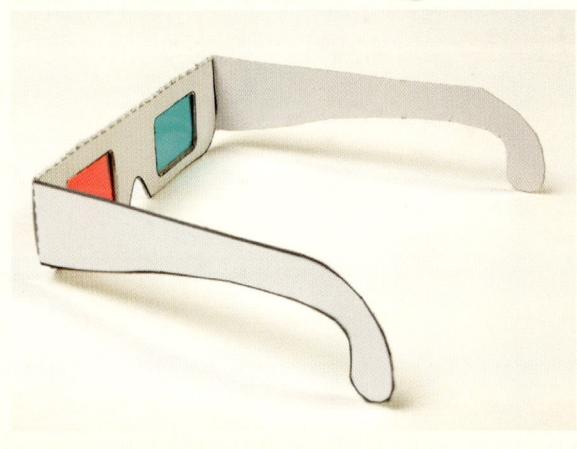

PASSE À LA PAGE 54 POUR DÉCOUVRIR DES IMAGES EN 3D !

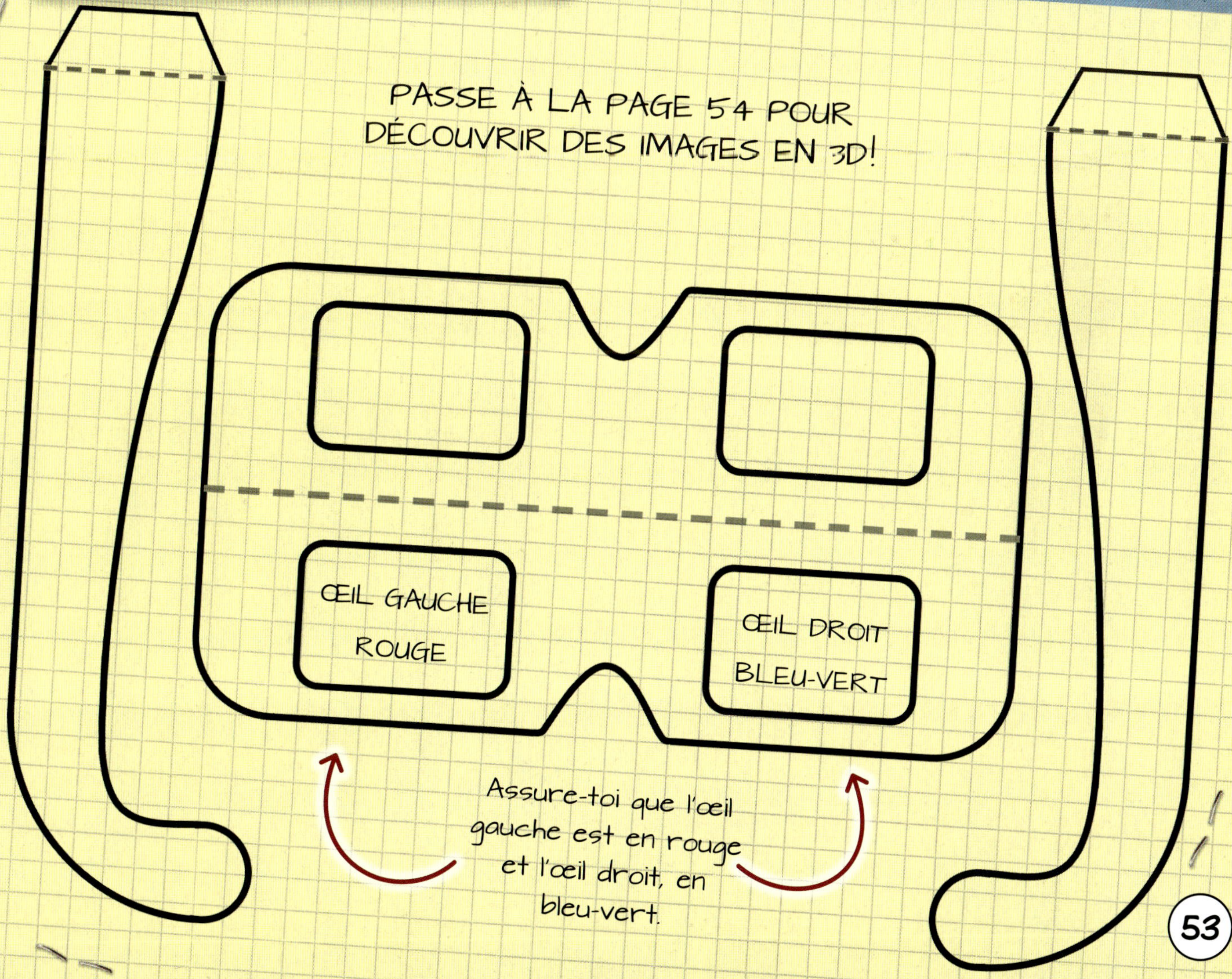

ŒIL GAUCHE ROUGE

ŒIL DROIT BLEU-VERT

Assure-toi que l'œil gauche est en rouge et l'œil droit, en bleu-vert.

Étape 5

Mets tes lunettes et regarde ces images.

Wow! On dirait que j'y suis vraiment!

ILLUSION D'OPTIQUE!

Parfois, ce que tu vois n'est pas du tout ce que cela semble être. Ton cerveau et tes yeux peuvent te jouer de drôles de tours. Découvre-le avec cette illusion d'optique amusante!

Étape 1

Regarde le lapin qui se trouve au centre de cette image. As-tu l'impression que les points ondulent et bougent?

COMMENT ÇA FONCTIONNE?

Un phénomène comme l'illusion d'optique nous joue des tours, parce que les divers récepteurs et cellules qui composent nos yeux reçoivent et traitent l'information à différents rythmes. Le cerveau perçoit donc parfois une fausse image selon la vitesse à laquelle l'information est reçue.

Une défaillance! Mon système visuel ne fonctionne pas correctement.

PLATEAU LUMINEUX

Fabrique un plateau sensationnel qui change de couleur sous tes yeux lorsqu'il tourne sur lui-même !

IL TE FAUT :
- Des vieux CD ou DVD
- Des billes
- Du ruban adhésif
- Une surface rigide
- Un crayon à mine
- Une paire de ciseaux
- Des stylos de couleur ou des tubes de peinture
- Du papier de couleur
- Un bâton de colle

Étape 1
Trace le contour d'un CD ou d'un DVD sur du papier de couleur. Découpe plusieurs cercles, en faisant des trous au centre.

Étape 2
Colle un disque en papier sur le CD ou le DVD avec de la colle.

Étape 3
Fixe une bille dans le trou central du disque avec de petits morceaux de ruban adhésif. Essaie de le faire tourner sur une surface rigide, comme un comptoir de cuisine.

Quelqu'un a-t-il prononcé le mot « boule » ? Moi, ça fait des années que je l'ai perdue !

Étape 7
Voici une façon de faire des quartiers réguliers.

Plie un cercle en deux, trois fois. Puis découpe le carton le long du dernier pli en utilisant les ciseaux.

COMMENT ÇA FONCTIONNE ?

Lorsque le plateau tournoie très vite, tu peux voir toutes les couleurs, mais ton cerveau n'est pas capable de les séparer. Ce que tu vois est donc une combinaison de toutes les couleurs mélangées.

Que se passe-t-il si tu réalises une spirale ?

FABRIQUE TON PROPRE ZOOTROPE

As-tu déjà rêvé d'être réalisateur ? Tu peux commencer dès maintenant en créant ton premier film !

IL TE FAUT :

* Une boîte ronde (comme une boîte à fromage) avec le couvercle
* De la pâte à modeler
* Une épingle de signalisation
* Un petit bouton
* Un bout de bouchon de liège
* Du ruban adhésif
* Une règle
* Un crayon à mine et un stylo
* Du papier noir et du papier blanc
* Du ruban ou du papier de couleur

Étape 1

Fais un trou au centre de la boîte et de son couvercle avec l'épingle de signalisation.

Utilise une règle pour déterminer où se trouve exactement le centre

Étape 2

Colle de la pâte à modeler sur le pourtour intérieur de la boîte pour ajouter du poids.

Mais c'est un zoo-tropex-traordinaire !

Étape 3

Enfonce l'épingle de signalisation à travers le trou du couvercle dans un bouton, en transperçant le fond de la boîte, puis dans un morceau de liège que tu auras placé en dessous de la boîte. Celle-ci devrait pouvoir tourner librement sur le couvercle.

Étape 4

Découpe un morceau de papier noir d'environ 6,5 cm (2,5 po) de long qui sera ensuite inséré à l'intérieur du couvercle.

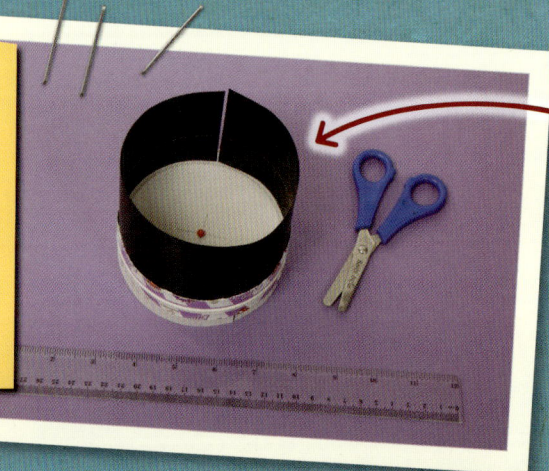

Taille le papier afin qu'il s'insère parfaitement dans le couvercle.

Étape 5

Trace des lignes verticales espacées d'environ 2,5 cm (1 po) le long du papier noir. En suivant ces lignes, fais des encoches d'environ 4 cm (1,5 po) de profondeur.

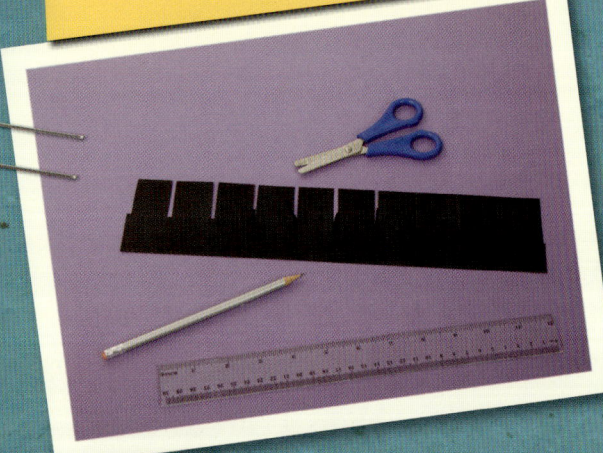

Étape 6

Insère le papier noir dans le couvercle en le collant avec du ruban adhésif. Découpe ensuite un morceau de papier blanc d'environ 3 cm (1 po) de large afin qu'il s'insère à l'intérieur du couvercle sur le papier noir. Ne le colle pas encore !

Étape 7

Trace des lignes verticales espacées d'environ 2,5 cm (1 po) le long du papier blanc. Dessine une série d'images dans les « cadres » ainsi obtenus. Place ensuite le papier à l'intérieur du couvercle.

L'idéal consiste à dessiner une action décomposée en mouvements successifs qui coïncident au début et à la fin.

Étape 8

Fais tourner le zootrope et regarde ton film d'animation défiler à travers les fentes.

Tu pourrais décorer l'extérieur de la boîte avec du papier ou du ruban de couleur.

COMMENT ÇA FONCTIONNE ?

Lorsque tu fais tourner le zootrope, tu peux voir chacune des images à la fois en une succession très rapide. Ton cerveau tente d'interpréter ce que tes yeux perçoivent. En tournant très rapidement, ces images sont alors perçues comme un mouvement, ce qui te permet de voir un film en continu.

Machine à arc-en-ciel

Plus besoin d'attendre qu'il pleuve pour voir un arc-en-ciel ! Voici comment en fabriquer un magnifique au sec, à l'intérieur. Cela dit, tu ne trouveras sans doute aucun trésor au bout !

IL TE FAUT :

- Des vieux CD
- Une journée ensoleillée ou, si ce n'est pas possible, une lampe de poche
- Une fenêtre habillée de rideaux ou d'un store
- Du papier blanc

Étape 1
Trouve une fenêtre baignée par le soleil. Ferme le store ou le rideau, en laissant un petit espace pour laisser entrer directement un rayon de lumière dans la pièce.

Étape 2
Tiens un CD, le côté brillant vers le haut, dans le rayon de soleil.

Il se trouve justement que mon caméléon domestique adore les arcs-en-ciel.

Étape 3
Fais réfléchir la lumière sur un morceau de papier blanc.

Étape 4
Change l'angle du CD. Tu pourras alors observer tout un éventail d'arcs-en-ciel différents.

Étape 5
Tu peux aussi utiliser une lampe de poche s'il ne fait pas soleil cette journée-là, mais les arcs-en-ciel ne seront peut-être pas aussi brillants.

COMMENT ÇA FONCTIONNE ?

Lorsque la lumière blanche passe au travers d'un prisme triangulaire, elle se décompose en différentes couleurs pour former un arc-en-ciel. La surface réfléchissante d'un CD est constituée de plastique et comporte une multitude de minuscules stries. Celles-ci agissent comme une foule de prismes miniatures disposés en cercle. Ainsi, lorsque la lumière heurte la surface du CD, elle crée un arc-en-ciel.

C'EST VIVANT !

Le monde est rempli de créatures vivantes fascinantes et extraordinaires. Des insectes aux oiseaux, en passant par ton propre corps, prépare-toi à plonger dans ce monde fantastique et à partir à la découverte !

Les abeilles sont des créatures captivantes. Elles communiquent entre elles au moyen d'une danse frétillante très expressive qui leur permet d'indiquer où se trouve la nourriture.

BALLON DE LEVURE

La levure est un minuscule micro-organisme qui a des répercussions énormes sur ta vie. Découvre le pouvoir extraordinaire de la levure en l'utilisant pour gonfler un ballon.

IL TE FAUT :
- De l'eau chaude
- Un paquet de levure sèche active
- Une cuillère
- Un bécher
- Du sucre
- Une petite bouteille en plastique
- Un ballon en caoutchouc

Étape 1
Verse 300 ml (10 onces liquides) d'eau dans un bécher. Ajoute le paquet de levure sèche et 2 cuillères à soupe de sucre. Mélange le tout jusqu'à ce que la levure et le sucre se soient dissous.

Étape 2
Verse ensuite ce mélange dans la bouteille.

Étape 3
Réchauffe le ballon entre tes mains. Pour assouplir davantage le caoutchouc, attrape le ballon par ses extrémités et étire-le.

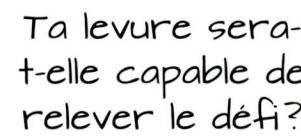

Ta levure sera-t-elle capable de relever le défi ?

Étape 4

Étire l'ouverture du ballon pour recouvrir le goulot de la bouteille. Assure-toi qu'il est bien fixé et qu'il empiète sur le filetage pour empêcher l'air de s'échapper.

Étape 5

Laisse reposer la bouteille avec le ballon ajusté au goulot pendant une heure, puis observe le résultat !

Étape 6

Laisse la bouteille ainsi toute la nuit. Au matin, le ballon sera encore plus gros !

COMMENT ÇA FONCTIONNE ?

La levure a besoin de sucre et d'eau pour être activée ; elle commence alors à respirer. En respirant, la levure produit du gaz carbonique ; c'est ce qui permet de faire gonfler le ballon. La levure est utilisée pour faire lever le pain et elle est donc un micro-organisme très important !

CURIEUX CÉLERI

As-tu déjà vu une plante avec des feuilles bleues ? Voici comment teindre une plante de différentes couleurs.

IL TE FAUT :
- Des bâtons de céleri avec les feuilles
- 2 petits verres
- 2 flacons de colorant alimentaire
- De l'eau
- Une surface de travail ou une table
- Des ciseaux de cuisine

Ça gagne un bon salaire un marchand de céleri ?

Étape 1
Verse de l'eau dans un verre afin de le remplir au tiers. Ajoute une petite quantité de colorant alimentaire.

Étape 2
Coupe le pied d'un bâton de céleri pour qu'il mesure environ 15 cm (6 po) de long. Laisses-y les feuilles.

Étape 3

Mets le pied de céleri dans le verre rempli de liquide. Laisse le verre dans un endroit sûr où personne n'y touchera.

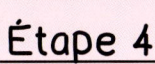

Étape 4

Après un jour, coupe le pied de céleri en deux dans la longueur en utilisant des ciseaux. Tu remarqueras qu'il y a des lignes en couleur le long de la tige.

Étape 5

Partage un autre pied de céleri. Verse de l'eau colorée (utilise deux colorants alimentaires différents) dans deux verres distincts. Fais tremper chaque morceau de la tige dans un verre.

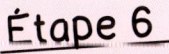

Étape 6

Le jour suivant, tu obtiendras un céleri multicolore! Taille les tiges pour vérifier.

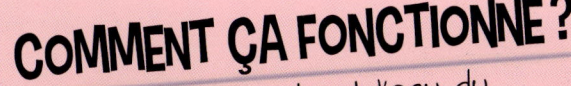

COMMENT ÇA FONCTIONNE?

Les plantes absorbent l'eau du sol grâce à leurs racines, l'eau remonte ainsi des tiges aux feuilles, par l'intermédiaire de tubes qu'on appelle xylème. Si tu mets de la teinture dans l'eau, la plante l'absorbera aussi. Refais l'expérience avec une fleur blanche pour voir les pétales changer de couleur!

QUELLE EST LA TAILLE DE TES POUMONS ?

Je vais m'époumoner pour... vérifier ma capacité pulmonaire ! Fais cette simple petite expérience pour savoir exactement quelle quantité d'air tes poumons peuvent contenir ?

IL TE FAUT :
* Une bouteille en plastique vide d'une capacité de 2 litres
* Un bol de taille moyenne
* Un grand récipient
* Une paille pliable
* De l'eau
* Beaucoup de souffle !

Étape 1
Remplis une bouteille d'eau à ras bord.

Étape 2
Visse le bouchon de la bouteille.

Il est possible d'accroître ta capacité pulmonaire avec de la pratique.

Étape 3

Dépose le bol de taille moyenne dans le grand récipient. Verse de l'eau dans le bol jusqu'aux trois quarts.

Étape 4

Plonge la bouteille dans le bol, le goulot dans l'eau, et enlève le bouchon tout en la tenant ainsi.

Étape 5

Prends une profonde inspiration!

Étape 6

Insère l'extrémité pliable de la paille dans la bouteille et expire longuement d'un seul coup!

Maintiens le goulot de la bouteille sous l'eau!

Étape 7

Tu verras ainsi quel volume d'air tes poumons sont capables de stocker! Demande à un ami ou à un membre de ta famille de faire l'expérience. Qui a la plus grande capacité pulmonaire?

COMMENT ÇA FONCTIONNE?

Lorsque tu souffles, l'air que tu expires expulse l'eau de la bouteille. L'espace vide correspond exactement au volume d'air que tes poumons peuvent contenir.

COMMENT PLIER UN OS DE POULET

IL TE FAUT :
* Un grand pot propre avec le couvercle
* Un os de poulet (un os de pilon est idéal)
* Du vinaigre blanc

Tout le monde sait que les os sont durs. Mais le sont-ils vraiment ? Surprends ta famille et tes amis en rendant un os de poulet mou comme du caoutchouc.

Étape 1
La prochaine fois que tu manges du poulet au repas, mets un os de pilon de côté.

Étape 2
Nettoie l'os en enlevant toute la chair restante et rince-le sous l'eau courante.

Quelle bonne excuse pour faire un barbecue!

Étape 3
Remarque comme l'os est dur et rigide. Les os sont constitués d'un minéral qu'on appelle le calcium ; c'est ce qui leur donne cette rigidité.

Étape 4
Mets l'os dans le pot et verses-y du vinaigre afin qu'il soit entièrement recouvert.

Maintenant, il ne te reste plus qu'à attendre que la magie fasse son effet.

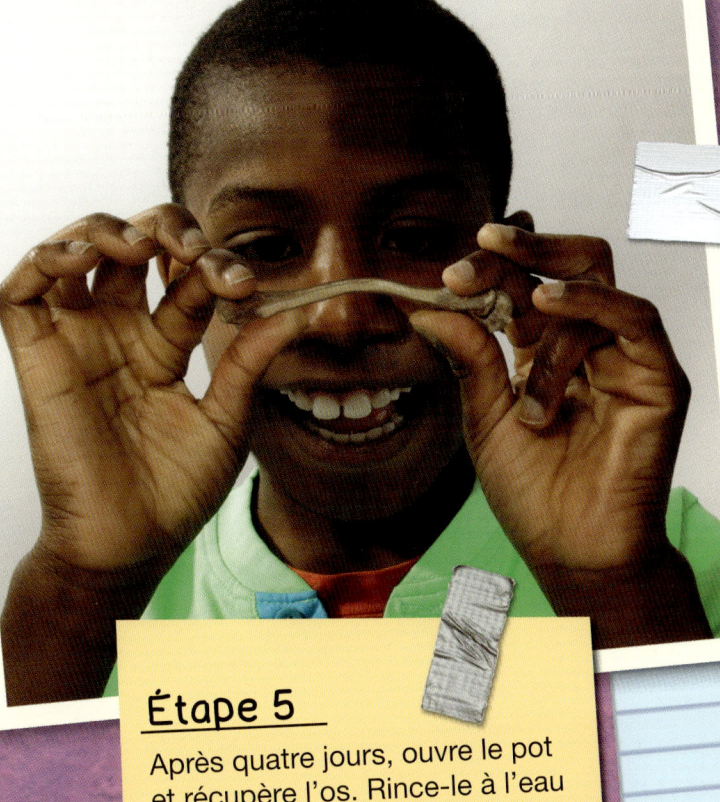

Étape 5
Après quatre jours, ouvre le pot et récupère l'os. Rince-le à l'eau et remarque comme il est souple ! Jette le vinaigre dans l'évier.

COMMENT ÇA FONCTIONNE ?

Le vinaigre dissout le calcium qui compose l'os. Or, c'est grâce au calcium que l'os était dur et rigide ; donc, une fois dépourvu de ce minéral, l'os devient mou et flexible. Voilà pourquoi il est important que tu aies un apport suffisant de calcium dans ton alimentation - s'il te fallait te déplacer avec des os mous, ce ne serait pas très amusant !

73

REPAS SUR LE POUCE

Cette expérience s'adresse à tous ceux qui aiment les animaux ! Ces ingénieuses mangeoires attireront les oiseaux et les écureuils de ton jardin. Tu pourras alors les observer et tout savoir sur leurs comportements !

BOUTEILLE-MANGEOIRE À OISEAUX

IL TE FAUT :
- Une bouteille en plastique de 2 litres
- De la ficelle
- Des graines pour oiseaux
- Une paire de ciseaux

Étape 1
Demande à un adulte de t'aider pour faire un trou d'environ 5 cm (2 po) de diamètre sur le côté d'une bouteille de 2 litres en utilisant des ciseaux.

Étape 2
Attache un bout de ficelle autour du goulot de la bouteille.

Il arrive parfois que les écureuils mangent aussi les graines pour oiseaux.

Étape 3
Verse des graines pour oiseaux dans la bouteille. Lorsque tu mets la bouteille debout, celles-ci devraient pratiquement arriver à la hauteur du trou.

Étape 4
Suspends ta bouteille-mangeoire quelque part à l'extérieur où les oiseaux pourront se nourrir en toute sécurité. Elle doit être suspendue en hauteur afin que les oiseaux ne se sentent pas menacés par les chats ou les autres prédateurs.

POMMES DE PIN AU BEURRE DE CACAHUÈTES ET FRIANDISES AU POPCORN

IL TE FAUT :
- Une pomme de pin
- De la ficelle
- Du beurre de cacahuètes
- Une cuillère
- Des graines pour oiseaux
- Du popcorn
- Une aiguille et du fil

Ça ne m'a pas l'air appétissant comme friandise...

Étape 1
Attache un bout de ficelle à l'extrémité la plus large d'une pomme de pin.

Étape 2

Recouvre la pomme de pin de beurre de cacahuètes à l'aide d'une cuillère. Ensuite, fais-la rouler dans les graines pour oiseaux et suspends-la dans ton jardin.

Si ta mangeoire commence à montrer des signes de décrépitude ou qu'elle devient moisie, recycle-la et fais-en une nouvelle!

Étape 3

Demande à un adulte de t'aider pour préparer du popcorn nature, pour ensuite en faire une guirlande d'environ 50 morceaux à l'aide d'une aiguille et de fil. Suspends-la à l'extérieur. Les oiseaux vont l'adorer!

COMMENT ÇA FONCTIONNE ?

Si tu suspends tes mangeoires près de tes fenêtres, tu pourras observer les oiseaux de l'intérieur sans les déranger. Beaucoup de gens installent des mangeoires à l'extérieur pour aider les oiseaux à surmonter le froid hivernal, parce qu'il peut être difficile pour eux de trouver de la nourriture durant cette période. Observe-les attentivement et essaie de voir si tu es capable d'identifier les différentes espèces. Regarde comme ils interagissent entre eux. Y a-t-il une hiérarchie de becquetage?

En plus d'être délicieux, le popcorn nature est très sain.

ADN DE FRAISES

L'ADN est ce qui te définit, TOI. On le trouve dans chacune de tes cellules et il renferme les instructions qui ont servi à fabriquer ton corps tel qu'il est. Chaque créature vivante comporte son propre ADN. Eh bien, tu peux maintenant observer l'ADN des fraises dans ta cuisine !

IL TE FAUT :

* Un congélateur
* 3 fraises et du sel
* Un verre doseur (ou une tasse à mesurer)
* Une paire de ciseaux
* Du papier absorbant
* Un sac en plastique
* 2 gobelets en plastique
* Du savon à lessive (liquide ou en poudre)
* Un verre
* Des glaçons
* 2 grands récipients
* Une fourchette et une cuillère à thé
* Un cure-dents
* Une bouteille d'alcool à friction glacé (demande à un adulte de t'aider)

Étape 1

Mets la bouteille d'alcool à friction dans le congélateur au moins une heure avant de commencer cette expérience.

Étape 2

Enlève les queues des fraises et coupe-les en morceaux à l'aide d'une fourchette.

Étape 3

Mets les morceaux de fraise dans un verre doseur. Ajoute une cuillère à thé de savon à lessive à 125 ml (½ tasse) d'eau chaude, puis verse le mélange ainsi obtenu sur les fruits.

Étape 4

Dépose le verre doseur dans un grand récipient rempli d'eau chaude. Le mélange de savon et d'eau chaude va commencer à scinder les cellules des fraises. Patiente 12 minutes, tout en remuant souvent.

Étape 5

Ensuite, dépose le verre doseur dans un grand récipient rempli de glaçons pendant 5 minutes.

« Un peu d'ADN de fraises pour accompagner ça ? »

Étape 6

Coupe le coin d'un sac en plastique et tapisses-en l'intérieur avec du papier absorbant. Puis filtre la bouillie de fraises pour recueillir le liquide renfermant l'ADN dans un gobelet.

Étape 7

Ajoute ¼ de cuillère à thé de sel au liquide filtré et mélange bien.

Étape 8

Verse maintenant une partie du liquide dans un verre propre pour le remplir jusqu'au tiers. Demande à un adulte de verser la même quantité d'alcool à friction glacé, puis remue délicatement le contenu du verre.

COMMENT ÇA FONCTIONNE ?

Pour obtenir de l'ADN de fraises, il faut d'abord écraser le fruit afin d'en extraire les cellules. Il faut ensuite scinder les cellules grâce aux enzymes contenues dans le savon à lessive. La glace empêche précisément le savon à lessive de décomposer l'ADN. Puis il faut filtrer le mélange ; on appelle le liquide ainsi obtenu le « surnageant » ; il renferme l'ADN. Enfin, l'ajout de sel et d'alcool à friction permet de séparer l'ADN du reste de la solution et de le faire remonter à la surface.

Étape 9

Laisse le verre reposer pendant quelques minutes. Une nappe trouble, qui ressemble à de l'écume, devrait se former à la surface du mélange. Voilà l'ADN de fraises ! Tu peux le retirer avec un cure-dents ; ça a l'air vraiment gluant ! Ne trouves-tu pas incroyable que cette substance visqueuse renferme toutes les informations qui permettent de fabriquer un fraisier ?

CHASSEURS D'INSECTES

Il est temps de découvrir de plus près ces petites bestioles ! Elles ne sont peut-être pas parmi les plus plaisantes, mais elles occupent une place très importante au sein de la nature.

IL TE FAUT :
* Un petit bout de terrain où tu peux creuser
* Des déplantoirs
* Un pot propre
* De l'herbe ou des feuilles
* Un grand couvercle en verre ou en plastique

Étape 1
Trouve un morceau de terrain plat où tu as la permission de creuser. Fais un trou avec un déplantoir, suffisamment profond pour y déposer ton pot en verre debout.

Étape 2
Mets de l'herbe et des feuilles dans le trou.

Il y a des centaines d'insectes qui grouillent sous nos pieds !

Étape 3
Dépose le pot sans couvercle dans le trou, debout, afin d'en faire un piège.

Étape 4
Recouvre le piège d'herbes et de feuilles.

Étape 5
Protège le trou de la pluie en le recouvrant d'un couvercle en verre ou en plastique.

Étape 6
Vérifie ton piège le lendemain pour voir ce que tu as attrapé !

Étape 7
Es-tu capable d'identifier les insectes volants et rampants que tu as attrapés ? Fais des recherches sur Internet ou à ta bibliothèque pour trouver les noms et les habitudes de ces petites créatures.

COMMENT ÇA FONCTIONNE ?

Lorsque les insectes tombent dans ton piège, il est difficile pour eux d'en sortir parce que la paroi en verre est très lisse. Essaie d'identifier les insectes que tu as attrapés. Observe-les avec une loupe pour les voir plus en détail. Assure-toi de les relâcher dans la nature lorsque tu les auras bien examinés. Ce serait cruel de les garder pris au piège pendant longtemps et ils pourraient en mourir.

SUPERSONIQUE

Savais-tu que tout ce que tu entends est une vibration ? Prépare-toi à tout savoir sur la science du son !

Cette photo illustre l'intérieur d'une oreille; elle est grossie 21000 fois! Sous l'effet de la vibration sonore, le liquide qui se trouve dans l'oreille interne se déplace sous forme d'ondes, ce qui entraîne le recourbement des cils (minuscules poils situés sur la paroi). Ceux-ci transforment alors ce mouvement en un signal électrique qui est envoyé à ton cerveau!

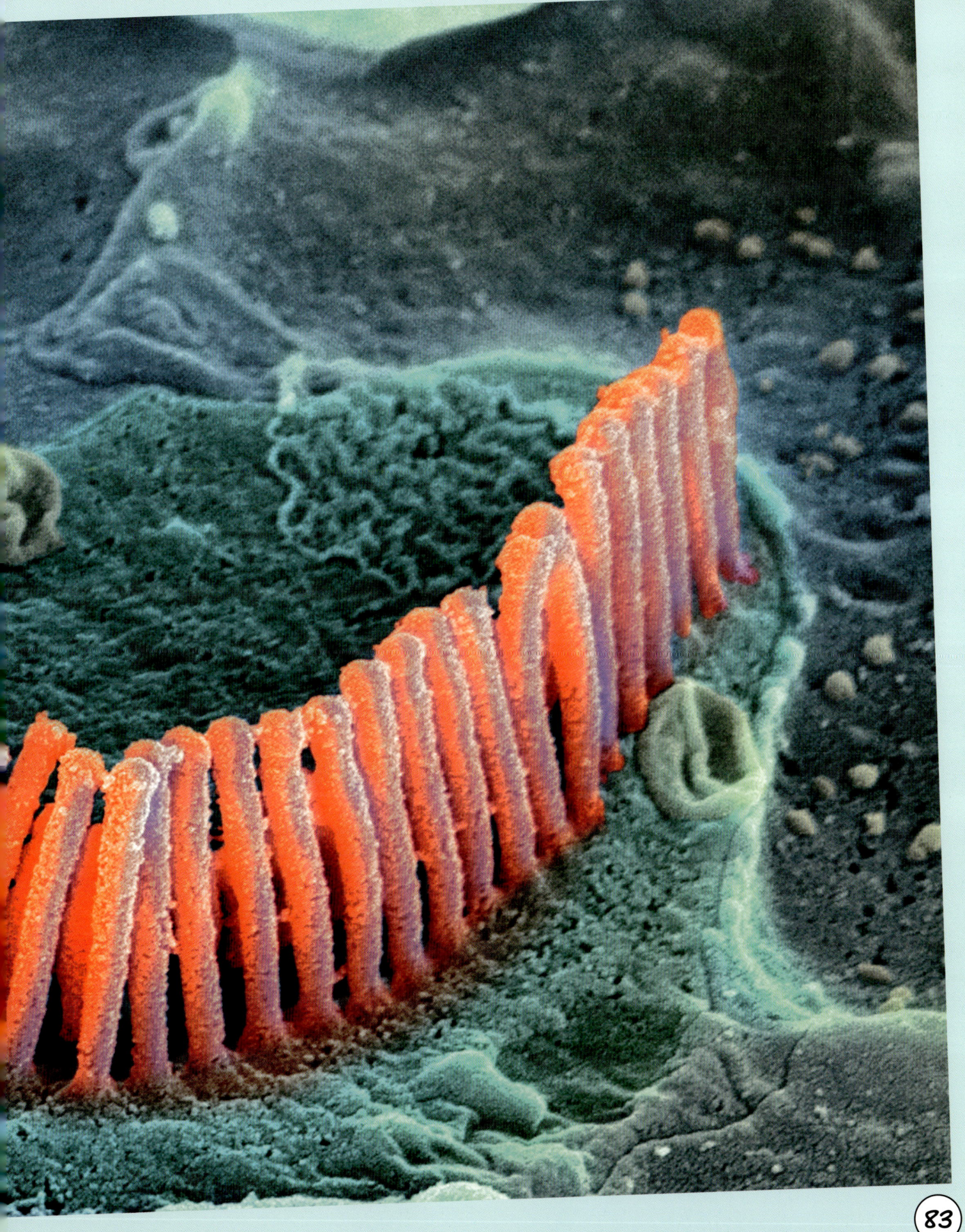

FABRIQUE TA PROPRE BATTERIE

Parade au son de ta propre batterie avec cette expérience étourdissante. À l'aide d'objets domestiques, tu peux créer une batterie qui fonctionnera exactement comme une vraie !

IL TE FAUT :

* Des récipients comme des petits pots en verre, des boîtes de conserve et des seaux en plastique
* Des matériaux pour fabriquer la « peau » de tambour, comme des sacs à provisions en plastique, du papier, du tissu, de l'aluminium et des ballons en caoutchouc
* Des matériaux pour fabriquer les baguettes, comme des baguettes chinoises, des bâtonnets à cocktail et des cuillères en bois
* Un couvercle de casserole métallique
* De la ficelle
* Des élastiques en caoutchouc
* Des marqueurs
* Une paire de ciseaux
* Du ruban adhésif
* Un bâton de colle
* Du papier de couleur

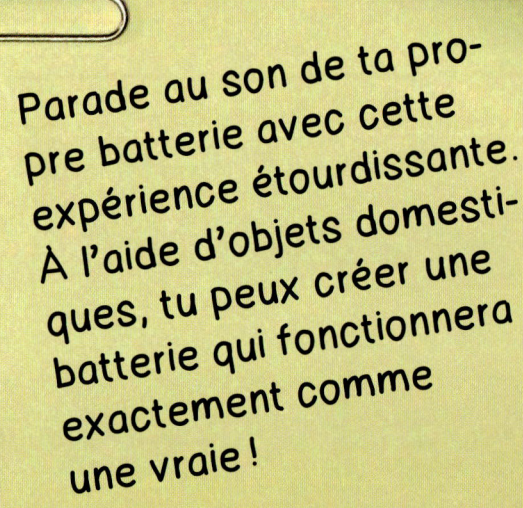

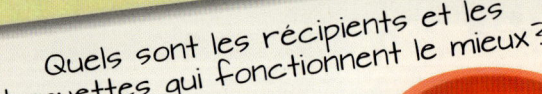

Quels sont les récipients et les baguettes qui fonctionnent le mieux ?

Nous, les robots, on adore la musique « heavy metal » !

Étape 1

Trace le contour d'une boîte de conserve sur un sac à provisions en plastique. Découpe ensuite le cercle avec des ciseaux, en ajoutant une marge d'1 cm (0,5 po) tout autour.

Étape 2

Recouvre la boîte de conserve avec la feuille de plastique ainsi obtenue que tu fixeras avec des morceaux de ruban adhésif, tout en veillant à bien tendre la « peau » au fur et à mesure. Puis colle du papier de couleur sur le tour de la boîte de conserve pour la décorer.

Tu pourrais décorer le tambour en y inscrivant le nom de ton groupe!

Étape 3

Essaie ton premier tambour avec deux baguettes!

L'ajout de ruban adhésif au bout des baguettes produira un son plus doux.

Étape 4

Découpe un ballon en deux dans la longueur avec une paire de ciseaux pour en faire une « peau » extensible. Étire-la pour en recouvrir un petit récipient et fixe-la au moyen d'un élastique en caoutchouc.

L'élastique en caoutchouc devrait être tendu.

Étape 5

Fabrique d'autres tambours avec d'autres matériaux. Chacun devrait produire un son légèrement différent. Enfin, fabrique une cymbale en nouant un bout de ficelle au bouton d'un couvercle de casserole. Suspends-le au-dessus de ta batterie.

Dans une batterie professionnelle, chaque tambour est conçu pour produire un schéma de vibration distinct.

COMMENT ÇA FONCTIONNE ?

Lorsque tu frappes sur un tambour, cela crée une vibration que nous percevons comme un bruit. Plusieurs éléments peuvent modifier le schéma des vibrations, ce qui modifie alors le bruit que tu entends : les matériaux utilisés, la taille du tambour, le degré de tension de la « peau » de tambour et même la façon dont tu frappes sur celui-ci.

PAPIER SONORE

Qui aurait cru qu'un morceau de papier puisse être si BRUYANT ?

IL TE FAUT :
* Une feuille de papier mesurant 40 cm x 30 cm (16 po x 12 po)

Étape 1
Plie la feuille de papier en deux dans la longueur, puis ouvre-la de nouveau.

Étape 2
Rabats les coins sur le pli central, comme ceci.

Étape 3
Plie de nouveau la feuille en suivant le pli central que tu as fait au départ.

Étape 8
Tiens le papier sonore comme ceci.

Étape 9
Fais claquer le papier sonore d'un coup sec vers le bas comme ceci. Tu devrais entendre un bruit qui s'apparente au claquement d'un fouet!

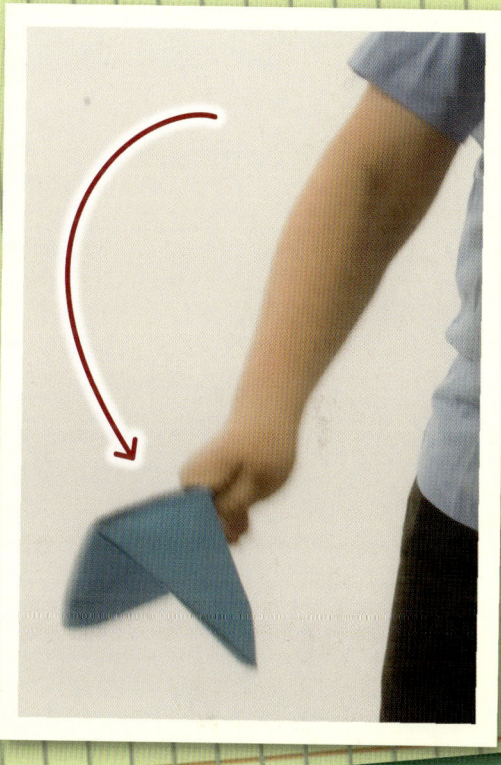

COMMENT ÇA FONCTIONNE ?
En faisant claquer le papier sonore d'un coup sec vers le bas, cela comprime (écrase) l'air qui se trouve à l'intérieur. Soudain, l'air s'échappe lorsque le pli intérieur s'ouvre. Cela entraîne une brusque décompression: il s'agit d'une petite explosion d'air!

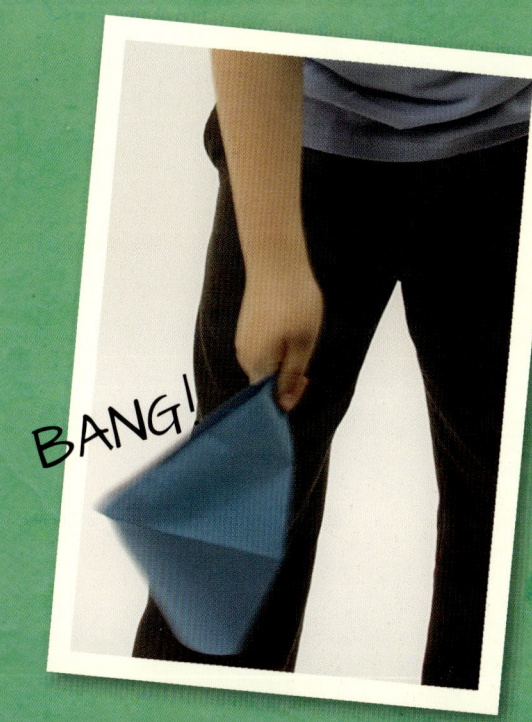

BANG!

FLAMME DANSANTE

IL TE FAUT :
* Une bouteille en plastique
* Des ciseaux
* Un sac en plastique
* Un élastique en caoutchouc
* Une bougie chauffe-plat et des allumettes

Nous savons tous qu'il est possible de faire vaciller une flamme en soufflant dessus, mais savais-tu qu'on pouvait faire danser une flamme grâce au pouvoir du son ?

Étape 1
À l'aide de ciseaux, découpe le fond d'une bouteille en plastique.

Étape 2
Découpe un carré en plastique mesurant au moins 1 cm (0,5 po) de plus que le fond de la bouteille à partir d'un sac en plastique. Fixe-le à la place du fond avec un élastique en caoutchouc.

ATTENTION !
Demande à un adulte de t'aider pour allumer la bougie avec les allumettes.

Étape 3
Allume la bougie. Dépose la bouteille de façon à ce que le goulot soit dirigé vers la flamme.

Étape 4
Tapote le morceau de plastique du bout des doigts sans déplacer la bouteille. Le son fera vaciller la flamme de la bougie !

COMMENT ÇA FONCTIONNE ?

Tous les sons sont des vibrations de l'air. Normalement, nous ne pouvons pas voir ce qui se passe lorsque l'air vibre - nous entendons seulement le son lorsque les vibrations atteignent nos oreilles.

Toutefois, dans notre expérience, la petite flamme est si sensible au mouvement de l'air que nous pouvons clairement la voir se déplacer en réponse aux vibrations qui se propagent dans l'air.

Un son très aigu peut faire vaciller une flamme !

DES OS QUI VIBRENT... DÉLIRANT!

IL TE FAUT :
- Une fourchette
- Une table ou une surface rigide

Nous savons déjà que les vibrations peuvent se propager dans l'air. Mais elles peuvent également se propager grâce à d'autres matériaux, tels que... ta tête !

Étape 1
Donne un coup de fourchette sur la table pour émettre un tintement.

Ne prends pas le risque d'endommager une table qui coûte cher - n'importe quelle surface rigide fera l'affaire.

Étape 2
Remarque la force sonore du bruit.

Ce bruit me monte à la tête !

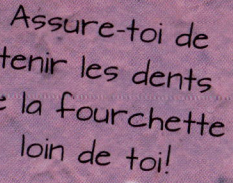

Assure-toi de tenir les dents de la fourchette loin de toi!

Étape 3

Redonne maintenant un coup de fourchette sur la table. Mais, cette fois-ci, place-la derrière ton oreille, en appuyant le manche sur le rocher (l'os situé en arrière de l'oreille). Le son est-il plus fort ou plus faible?

Étape 4

Donne à nouveau un coup de fourchette sur la table, puis tiens le manche entre tes dents. Cette fois-ci, le son devrait être vraiment fort!

COMMENT ÇA FONCTIONNE?

Cette expérience démontre que le son se propage mieux dans les os que dans l'air. Cela est important parce que tes oreilles sont constituées de minuscules os qui vibrent, transmettant ainsi des signaux nerveux à ton cerveau pour lui indiquer que tu entends quelque chose. Si les os ne conduisaient pas si bien le son, tu ne pourrais pas entendre aussi bien que tu ne le fais.

D'OÙ VIENT CE SON ?

Pourquoi avons-nous besoin de deux oreilles ? Une seule ne suffirait-elle pas ? Cette expérience amusante te montre pourquoi, en jouant des tours à ton ouïe !

IL TE FAUT :

- Deux tuyaux en plastique d'environ 50 cm (20 po) de long chacun (magasin de bricolage)
- Deux entonnoirs
- Du ruban adhésif
- Des ciseaux
- Un serre-tête
- Un assistant

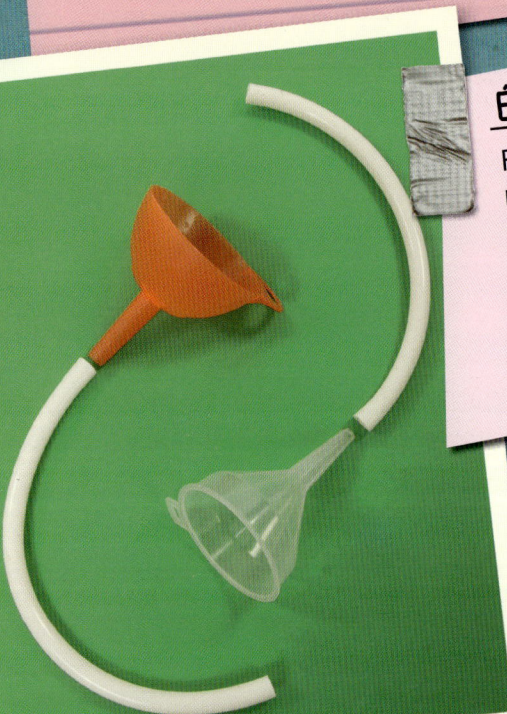

Étape 1
Fixe chaque entonnoir à un tuyau en plastique. Il se peut que tu sois obligé d'utiliser du ruban adhésif pour les maintenir en place.

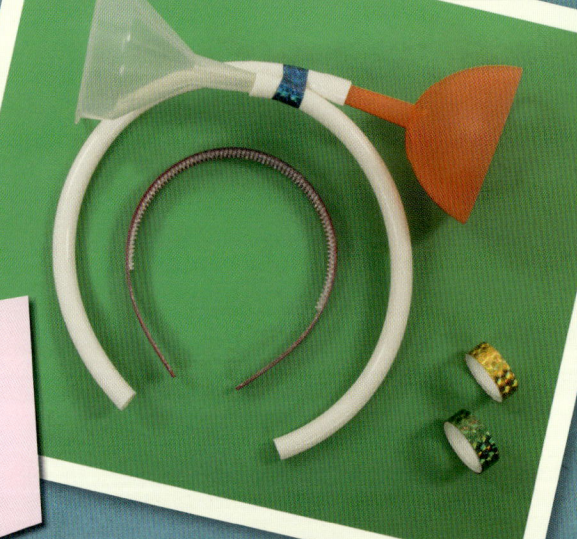

Étape 2
Attache les deux tuyaux en plastique ensemble comme ceci.

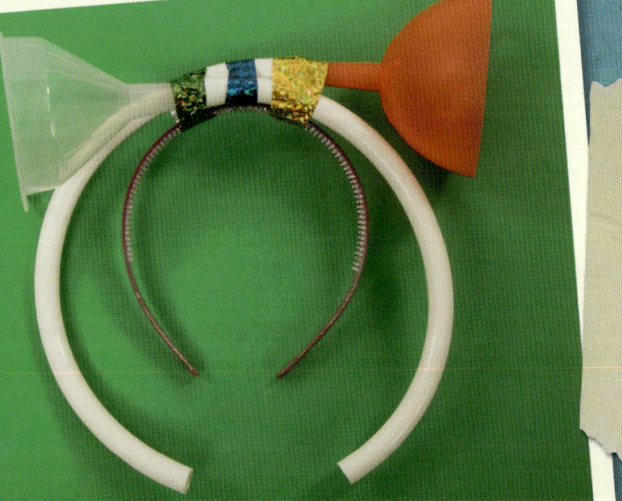

Étape 3
Fixe les tuyaux sur un serre-tête au moyen de ruban adhésif.

Étape 4

Enfile le serre-tête et tiens les extrémités des tuyaux, une dans chaque oreille.

Étape 5

Ferme les yeux. Demande à ton assistant de faire divers bruits à partir de différents endroits.

Le système de serre-tête induit ton cerveau en erreur en lui faisant croire que tes oreilles sont inversées.

Étape 6

Es-tu capable de déterminer d'où vient chaque bruit ?

Tu risques certainement de te tromper !

COMMENT ÇA FONCTIONNE ?

Normalement, nous sommes en mesure de déterminer si un son vient de droite ou de gauche pourvu qu'il soit assez fort pour être perçu par chacune de nos oreilles. Les tuyaux transmettent le son à la mauvaise oreille !

GAZOU EN PAPIER

IL TE FAUT :
- Du papier
- Une paire de ciseaux
- Une règle
- Un crayon à mine

Voici comment fabriquer l'instrument de musique le plus simple et le plus drôle du monde. Tout ce dont tu as besoin est un simple morceau de papier !

Étape 1
Trace un rectangle d'environ 2,5 cm (1 po) de large sur 10 cm (4 po) de long sur un morceau de papier. Découpe ensuite la forme ainsi obtenue avec des ciseaux.

Étape 2
Plie le morceau de papier en deux dans la longueur.

Étape 3
Rabats les extrémités comme ceci.

Étape 4
À l'aide des ciseaux, découpe une petite encoche en forme de « V » au milieu du pli central.

Étape 5

Tiens le morceau de papier dans ta bouche comme ceci et souffle pour faire sortir l'air entre tes lèvres.

Étape 6

Fabrique des gazous plus ou moins longs ! Est-ce que le son change ?

Étape 7

Es-tu capable de jouer un air de musique avec tes gazous ? Invite tes amis à se joindre à toi !

> C'est en raison du bruit qu'ils font qu'on a baptisé ces instruments des gazous !

COMMENT ÇA FONCTIONNE ?

Le fait de souffler entre les deux feuilles de papier les fait vibrer, ce qui donne lieu à ce bourdonnement que tu peux entendre. Les instruments à vent (ou à anche) comme les saxophones et les clarinettes fonctionnent exactement de la même manière.

LE GOBELET STRIDENT

Cette expérience obligera peut-être tes amis à se boucher les oreilles ! Elle fait beaucoup de bruit – un bruit qui en rendra quelques-uns fous.

IL TE FAUT :

- Un morceau de ficelle d'environ 40 cm (15 po) de long
- Un gobelet en plastique
- Un vieux stylo à bille
- Une gomme à effacer
- De l'eau

Ce son te fera dresser les cheveux sur la tête !

Étape 1

Fais un trou dans le fond du gobelet en plastique à l'aide du vieux stylo à bille.

Mets la gomme à effacer sous le gobelet pour te servir de soutien pendant que tu en perces le fond.

Étape 2

Fais passer la ficelle par le trou et fais un nœud au bout pour l'empêcher de ressortir.

Étape 3
Mouille la ficelle avec de l'eau.

Étape 4
Tiens le gobelet dans une main comme ceci.

Étape 5
Avec ton autre main, fais glisser la ficelle entre ton pouce et ton index.

Avec un peu de pratique, tu devrais être capable de produire un son horriblement strident !

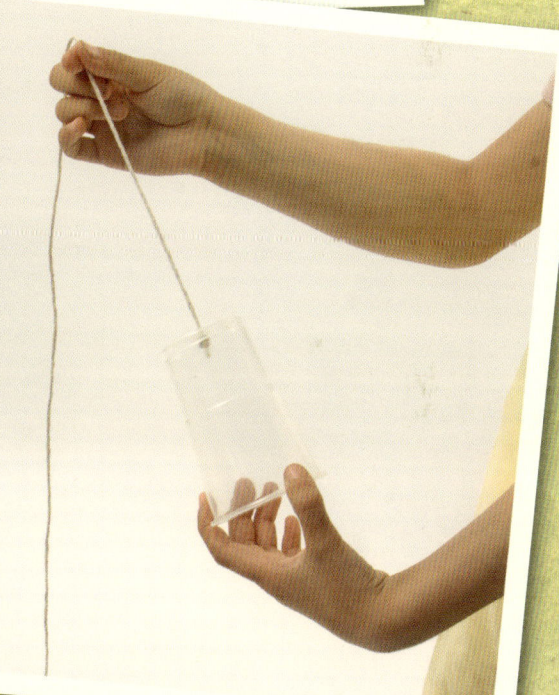

COMMENT ÇA FONCTIONNE ?
En faisant glisser la ficelle mouillée entre tes doigts, tu la fais vibrer et le gobelet amplifie ce phénomène, en produisant un son strident. Pourquoi trouvons-nous ce son désagréable ? Certains scientifiques croient que c'est parce qu'il s'apparente à celui d'un cri.

ANNEAU MAGIQUE

IL TE FAUT :
* Deux verres à vin
* Un cure-dents
* De l'eau

Réunis tes amis pour leur montrer ce super tour de magie, rendu possible grâce au pouvoir du son.

Étape 1
Remplis les deux verres à vin d'eau jusqu'aux trois quarts.

Étape 2
Frotte délicatement ton doigt mouillé sur le pourtour de chaque verre. Avec un peu de pratique, tu constateras que tu peux produire un tintement surprenant.

Étape 3
Adapte la quantité d'eau dans chaque verre jusqu'à ce que l'intensité du son produite soit identique pour les deux.

Étape 4

Lorsque tu as réussi à atteindre la même intensité avec les deux verres, place-les côte à côte, sans qu'ils se touchent.

Étape 5

Pose délicatement un cure-dents en équilibre sur le pourtour de l'un des verres.

Étape 6

Humecte ton doigt de nouveau et frotte-le sur le pourtour de l'autre verre pour le faire chanter. Tu verras que le cure-dents bouge!

ERREUR! ERREUR! Ce tour de magie cloche!

COMMENT ÇA FONCTIONNE ?

Étant donné que les deux verres renferment la même quantité d'eau, ils vibrent à la même fréquence. Le frottement de ton doigt crée des vibrations, ce qui fait chanter un verre et vibrer l'autre, faisant ainsi bouger le cure-dents.

FASCINANT

La température peut complètement modifier le comportement des matériaux qui nous entourent ou même, dans certains cas, les transformer du tout au tout. Il est temps de découvrir la science du chaud et du froid !

Savais-tu que l'air chaud est plus léger que l'air froid? C'est ce qui explique que les montgolfières peuvent voler!

MINI ICEBERG

Dans cette expérience glaciale, tu vas pouvoir créer un mini iceberg pour voir comment la densité de l'eau change en fonction de la température.

IL TE FAUT :
- De l'eau
- Un bécher
- Un verre
- Du colorant alimentaire
- 75 ml (⅓ tasse) d'huile végétale
- Un bac à glaçons
- Un congélateur

Étape 1
Prépare des glaçons spéciaux en versant quelques gouttes de colorant alimentaire dans un bécher rempli d'eau.

On dirait que j'ai seulement du colorant vert. Est-ce que ça ira ?

Étape 2
Remplis un bac à glaçons avec l'eau colorée et mets-le au congélateur. Les glaçons devraient être prêts dans deux à trois heures.

Étape 3
Remplis un verre d'eau jusqu'au tiers.

Étape 4
Verses-y de l'huile végétale jusqu'à ce que le verre soit rempli aux deux tiers.

L'eau et l'huile se séparent en deux couches distinctes.

Étape 5
Prends un glaçon du bac à glaçons et mets-le dans le verre.

Étape 6
Observe ce qui se passe à mesure que le glaçon fond. Que se passe-t-il ?

Étape 7

Après environ 30 minutes, le glaçon a complètement fondu ; l'eau colorée reste au fond du verre et l'huile est limpide.

COMMENT ÇA FONCTIONNE ?

Lorsque l'eau est sous sa forme liquide, elle est plus dense que l'huile ; c'est pourquoi l'huile flotte au-dessus de l'eau. Cependant, lorsque l'eau est congelée sous forme de glace, elle est moins dense que l'huile ; la glace flotte alors au-dessus de l'huile.

FABRIQUE TA PROPRE MACHINE À RÉTRÉCIR

Enfile ta blouse de savant fou alors que tu t'apprêtes à rétrécir des objets de la vie quotidienne grâce au pouvoir de la science !

IL TE FAUT :
- Un four
- Un gant de cuisine
- Un minuteur
- Des sachets en plastique (pas en aluminium) d'encas en portions individuelles (comme des paquets de chips)
- Du savon à vaisselle
- Du papier absorbant
- Du papier aluminium
- Des épingles à broche (tiges de broche)
- De la colle universelle

Étape 1
Nous allons transformer un sachet grandeur nature en miniature ! Rince l'intérieur du sachet avec de l'eau et du savon à vaisselle. Puis demande à un adulte de préchauffer le four à 245 °C (475 °F).

Étape 2
Essuie le sachet avec du papier absorbant.

Assure-toi d'enlever toutes les miettes et le gras.

Étape 3

Emballe le sachet dans du papier aluminium.

Étape 4

Rabats les coins pour en faire une enveloppe.

Étape 5

Demande à un adulte de t'aider pour mettre l'enveloppe de papier aluminium sur la grille supérieure du four. Ensuite, ferme la porte du four et vérifie qu'il est à la bonne température. Règle le minuteur sur deux minutes. Tu dois absolument respecter ce temps précis.

Grâce au pouvoir de la chaleur, on transforme des déchets en un truc génial!

Étape 6

Après deux minutes, demande à un adulte de t'aider pour retirer l'enveloppe du four à l'aide d'un gant de cuisine. Dépose l'enveloppe sur une surface résistante à la chaleur.

Étape 7

Aplatis l'enveloppe en aluminium avec le gant de cuisine, puis laisse-la refroidir.

Étape 8

Une fois l'enveloppe refroidie, récupère le sachet rétréci à l'intérieur.

Étape 9

Fais-en des cadeaux pour tes amis ! Fixe une épingle à broche à l'arrière des sachets miniatures pour en faire des badges.

Tu peux essayer de rétrécir d'autres types de sachets individuels.

COMMENT ÇA FONCTIONNE ?

Les molécules qui constituent le sachet sont formées de longues chaînes solidement reliées les unes aux autres qu'on appelle des polymères. Lorsqu'il a été fabriqué, le sachet a été chauffé afin d'allonger les polymères. En chauffant le sachet vide, les polymères sont libérés, ce qui leur permet de se replier et de reprendre leur forme d'origine.

DISTILLATEUR SOLAIRE

Si jamais il t'arrivait de te perdre dans la nature, cette super expérience pourrait te sauver la vie en te permettant de transformer de l'eau salée en eau potable !

IL TE FAUT :

★ Une journée ensoleillée !
★ Un grand récipient
★ Un petit pot ou un verre
★ Du film plastique
★ Une carafe d'eau
★ Du sel
★ Une cuillère à soupe
★ Des cailloux propres ou des billes

Étape 1
Mets du sel dans la carafe d'eau : ajoute environ 4 cuillères à soupe de sel dans 1 litre d'eau. Remue bien le tout.

Étape 2
Verse suffisamment d'eau salée dans un grand récipient pour que le niveau atteigne environ 5 cm (2 po) de profondeur.

Étape 3
Dépose le petit pot ou le verre au centre du grand récipient rempli d'eau salée. Assure-toi que le pot dépasse de l'eau, mais qu'il est bien en dessous du rebord supérieur du grand récipient. Tu devras sans doute mettre quelques billes ou cailloux propres au fond du verre pour le lester afin de l'empêcher de flotter dans l'eau.

Étape 4

Étire le film plastique pour recouvrir hermétiquement le grand récipient.

Étape 5

Mets une bille au centre du film plastique, directement au-dessus du pot afin que le film s'affaisse légèrement au milieu.

Étape 6

Installe ton distillateur solaire à l'extérieur, au soleil. Laisse-le pendant au moins 4 heures. Plus tu le laisseras longtemps, plus tu recueilleras d'eau.

Cette expérience est extra-solaire!

Étape 7

Lorsque tu seras prêt à aller examiner ton distillateur solaire, enlève le film plastique et regarde l'eau recueillie dans le petit pot. Penses-tu qu'elle est salée ou plate? Goûte-la pour voir!

COMMENT ÇA FONCTIONNE?

La chaleur du soleil entraîne l'évaporation de l'eau qui se trouve dans le grand récipient, laissant ainsi le sel au fond. La vapeur d'eau se heurte alors au film plastique et se condense à nouveau sous forme d'eau liquide. La bille qui leste le film plastique au centre permet à l'eau de s'écouler dans le petit pot et tu peux ainsi recueillir de l'eau douce!

SENSATION DE CHAUD ET DE FROID

IL TE FAUT :

- 2 petits récipients (par ex. : des seaux de plage en plastique)
- Un grand récipient
- De l'eau chaude
- De l'eau froide et des glaçons
- De l'eau à température ambiante
- Une serviette

Comment se fait-il que les gens ressentent la température différemment ? Quand certains sont emmitouflés dans des manteaux, d'autres se baladent en T-shirt. Cette expérience explique comment cela est possible.

Étape 1
Verse de l'eau froide et des glaçons dans un seau.

Étape 2
Verse de l'eau chaude (pas bouillante) dans un autre seau.

Étape 3
Remplis un grand récipient d'eau à température ambiante.

Étape 4
Mets une main dans l'eau chaude et l'autre, dans l'eau froide. Il faut que tu laisses tes mains dans l'eau pendant quelques minutes.

Étape 5
Sors tes mains de l'eau et plonge-les toutes les deux dans le grand récipient rempli d'eau à température ambiante. Tu devrais ressentir du froid dans la main immergée dans l'eau chaude et du chaud dans la main qui baignait dans l'eau froide !

COMMENT ÇA FONCTIONNE ?

Cette expérience démontre que la sensation de température est relative. Si tu viens de quitter une pièce chaude, la température ambiante devrait te sembler assez froide. Au contraire, si tu étais dans une pièce froide, tu devrais trouver la température ambiante chaude et agréable.

L'eau chaude devrait être supportable au toucher - ne te brûle pas !

Étape 6
Sors tes mains de l'eau et sèche-les.

CRÈME GLACÉE EN SAC

IL TE FAUT :

* 125 ml (½ tasse) de lait entier ou de crème
* Du sucre
* De l'arôme de vanille
* 2 petits sacs de congélation avec fermeture à glissière
* 1 grand sac de congélation avec fermeture à glissière
* 1 l (4 tasses) de glaçons
* Un rouleau à pâtisserie
* Un torchon propre
* Du sel
* Des gants en laine

Voici une façon simple de faire de la crème glacée en dix minutes à peine – tu ne courras plus jamais après le marchand de glace ambulant !

Enfin ! Une expérience que l'on va pouvoir déguster !

Étape 1

Verse 125 ml (½ tasse) de lait entier ou de crème, puis ajoute 1 cuillère à soupe de sucre et ½ cuillère à thé d'arôme de vanille dans un petit sac de congélation avec fermeture à glissière.

Étape 2

Chasse autant d'air que possible en scellant le sac.

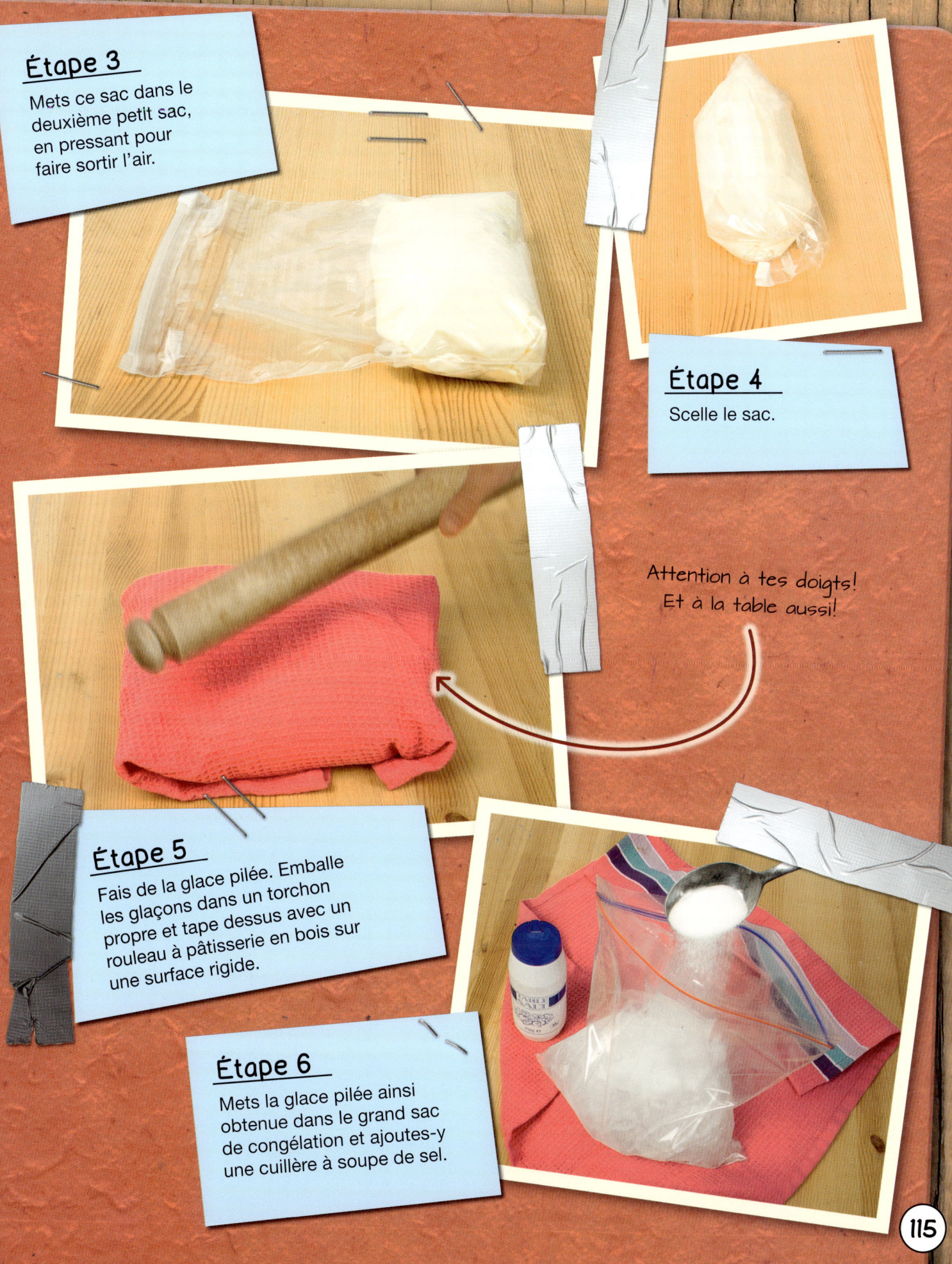

Étape 3
Mets ce sac dans le deuxième petit sac, en pressant pour faire sortir l'air.

Étape 4
Scelle le sac.

Attention à tes doigts! Et à la table aussi!

Étape 5
Fais de la glace pilée. Emballe les glaçons dans un torchon propre et tape dessus avec un rouleau à pâtisserie en bois sur une surface rigide.

Étape 6
Mets la glace pilée ainsi obtenue dans le grand sac de congélation et ajoutes-y une cuillère à soupe de sel.

Étape 7

Mets les petits sacs dans le grand sac de congélation, au milieu du mélange de glace pilée et de sel. Presse pour faire sortir autant d'air que possible, puis scelle le sac.

Il est temps d'enfiler les gants de laine!

Étape 8

Après avoir enfilé les gants de laine, secoue et écrase le sac afin que le mélange de lait soit bien enrobé de glace. Cela devrait prendre entre 5 et 10 minutes pour que le mélange se transforme en crème glacée!

Mmmmm. Trop bon!

COMMENT ÇA FONCTIONNE ?

Le sel diminue le point de congélation de la glace, ce qui signifie qu'elle fond plus rapidement. Lorsque la glace fond, elle emmagasine de l'énergie sous forme de chaleur provenant du milieu environnant - dans ce cas, il s'agit du mélange de crème glacée, lequel refroidit jusqu'à congélation.

FOUR SOLAIRE

Exploite le pouvoir du soleil pour concocter de délicieuses friandises pour toi et tes amis !

IL TE FAUT :

* Une boîte à pizza vide
* De la peinture à l'eau de couleur noire
* Un pinceau
* Un sac en polyéthylène noir
* Du papier d'aluminium
* Du film plastique
* Un bâton de colle, du ruban adhésif, une paire de ciseaux et une règle
* Un marqueur
* Des guimauves, du chocolat et des biscuits
* Une assiette en carton
* Un bâton en bois
* Une chaude journée ensoleillée !

Étape 1
Peins le fond et les côtés extérieurs de la boîte de pizza en noir. Laisse sécher la peinture.

Étape 2
Trace une bordure de 2,5 cm (1 po) sur le dessus du couvercle de la boîte à pizza comme ceci. Découpe le couvercle le long de la ligne en utilisant des ciseaux.

Étape 3

Ouvre le rabat ainsi obtenu dans le couvercle de la boîte. Colles-y du papier d'aluminium sur la face intérieure au moyen du bâton de colle.

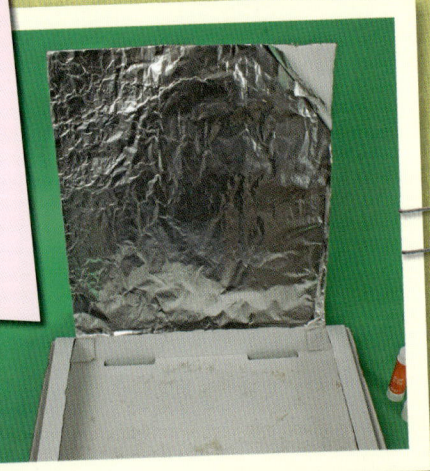

Étape 4

Scelle l'ouverture créée par le rabat avec un morceau de film plastique.

Étape 5

Recouvre le fond intérieur de la boîte à pizza avec le sac en polyéthylène noir replié. Fixe-le sur les côtés avec du ruban adhésif afin qu'il reste en place.

Étape 6

Trouve un coin ensoleillé dans le jardin. Ferme le couvercle de la boîte à pizza et utilise un bâton en bois pour maintenir le rabat ouvert. Oriente la boîte de façon à ce que le papier aluminium reflète le maximum de lumière solaire dans le four à travers la fenêtre.

Étape 7

Ton four est prêt – essayons-le pour réaliser de délicieuses friandises! Dépose un biscuit sur une assiette en carton et garnis-le de guimauves et de chocolat.

> Mes circuits gustatifs sont en alerte!

Étape 8

Vérifie la cuisson toutes les 10 minutes. Assure-toi à chaque fois que la lumière du soleil se reflète toujours dans le four. Par une belle journée ensoleillée, cela devrait prendre environ 30 minutes.

COMMENT ÇA FONCTIONNE ?

Le principe d'un four solaire consiste à capturer autant de chaleur solaire que possible. La couleur noire absorbe la chaleur, ce qui fait en sorte que la zone de cuisson emmagasine autant de chaleur que possible. Comme l'argent reflète la chaleur, le couvercle sert à recueillir encore plus de chaleur solaire et à la diriger vers les aliments. Le film plastique agit comme la couverture en verre d'une serre, en laissant entrer la lumière et la chaleur, mais en les piégeant à l'intérieur. C'est grâce à la combinaison de ces trois éléments que nous avons pu fabriquer un sacré bon four!

SCULPTURES DE SAVON

Crée tes propres sculptures de savon à l'aide d'un simple four à micro-ondes !

IL TE FAUT :

- 2 ou 3 pains de savon – l'idéal est un savon crémeux souvent vendu sous l'appellation « savon de luxe »
- Un four à micro-ondes
- Un gant de cuisine
- Des assiettes en carton
- Des couvercles en plastique (d'aérosols)

Étape 1

Dépose un pain de savon sur une assiette en carton. Demande à un adulte de la mettre dans le four à micro-ondes à puissance maximale pendant 1 minute.

Étape 2

Regarde ce qui se passe par la porte fermée du four à micro-ondes. Le savon devrait prendre de l'expansion !

Ohhh, des micro-ondes. C'est le type de radiations que je préfère !

Étape 3

Après 1 minute, le savon devrait avoir grossi, mais si tu constates qu'il a encore sa forme d'origine, remets-le au four à micro-ondes pendant 30 secondes supplémentaires.

Étape 4

Laisse le savon refroidir pendant plusieurs minutes avant de le toucher. Sors-le ensuite du four avec un gant de cuisine.

Aplatis le pied de ta sculpture afin de la faire tenir sur le socle.

Une fois tes sculptures terminées, éclaire-les avec une lampe de bureau pour créer un effet spectaculaire et prends-les en photo.

Étape 5

Répète le même processus pour chaque sculpture que tu souhaites faire. Propose à tes amis d'en faire et voyez qui obtient les meilleurs résultats ! Utilisez les couvercles des aérosols comme des socles pour mettre en valeur vos œuvres.

COMMENT ÇA FONCTIONNE ?

Lorsque le four à micro-ondes est en marche, les molécules d'eau qui composent le savon se transforment en vapeur sous l'effet de la chaleur. La vapeur forme alors des bulles qui se dilatent à la chaleur, ce qui fait gonfler le savon et lui donne une drôle de forme plutôt originale !

LA PIÈCE SAUTEUSE

Impressionne ta famille et tes amis en faisant sauter une pièce dans les airs sans la toucher !

IL TE FAUT :

* Une bouteille en verre avec un goulot étroit, comme une bouteille de vin
* Une pièce de monnaie – sa taille doit correspondre au diamètre de la bague de la bouteille
* De l'eau chaude
* Des glaçons
* 2 récipients – suffisamment grands pour pouvoir y déposer la bouteille debout

Étape 1

Mets la bouteille vide, sans le bouchon dans un récipient rempli de glaçons. Laisse-la reposer ainsi quelques minutes afin qu'elle refroidisse. Pendant ce temps, demande à un adulte de verser de l'eau chaude dans un autre récipient.

C'est comme ça qu'on fait quand est trop paresseux pour tirer à pile ou face !

Étape 2

Sors la bouteille du récipient rempli de glaçons. Dépose une pièce sur la bague de la bouteille.

Étape 3

Soulève délicatement la bouteille et dépose-la dans le récipient rempli d'eau chaude.

Étape 4

Après un petit moment, tu verras la pièce sauter de la bouteille!

Wow! C'est magique!

COMMENT ÇA FONCTIONNE ?

Alors que la bouteille se réchauffe, il en va de même pour l'air qu'elle renferme. À mesure que cet air se réchauffe, il prend de plus en plus d'expansion, faisant pression sur la pièce, ce qui finit par la faire sauter.

BALLON ENFLAMMÉ

IL TE FAUT :
- Des ballons en caoutchouc
- Une bougie chauffe-plat
- Des allumettes
- Des lunettes de protection ou des lunettes solaires
- De l'eau

Il te faudra (ainsi qu'à l'adulte qui t'assistera) des nerfs d'acier pour réaliser cette expérience enflammée !

Étape 1
Gonfle un ballon et fais un nœud à son extrémité.

Prépare-toi à te boucher les oreilles !

Étape 2
Allume une bougie, puis mets tes lunettes de protection ou tes lunettes solaires.

SÉCURITÉ D'ABORD!

Fais attention avec la bougie! Étant donné que le ballon pourrait éclater, tiens-toi loin de toute source électrique pour réaliser cette expérience ou de toute chose qui pourrait être endommagée si elle était légèrement mouillée. Ne laisse pas le ballon au-dessus de la bougie au-delà de dix secondes environ.

Étape 3
Tiens le ballon au-dessus de la flamme! Que se passe-t-il?

Étape 4
Remplis un autre ballon d'eau, avant de le gonfler et de le nouer.

Étape 5
Mets le ballon rempli d'eau au-dessus de la flamme, en exposant la partie qui renferme l'eau.

Étape 6
Après quelques secondes, retire le ballon de la flamme et examine-le!

COMMENT ÇA FONCTIONNE?

Dans cette expérience, tout est question de conduction, ou de transfert, thermique (c.-à-d. de la chaleur). Lorsque le ballon est rempli d'air, la flamme de la bougie fait fondre la surface du ballon, qui explose. Cela s'explique par le fait que la chaleur reste concentrée au-dessus de la bougie. Comme l'eau est un meilleur conducteur de la chaleur que l'air, elle peut absorber une partie de la chaleur - ce qui empêche le ballon de fondre.

LA GUERRE DES POTS

Les « isolants » sont des matériaux qui empêchent la propagation de l'énergie thermique. On les utilise pour maintenir les choses au chaud (ou au froid). Dans cette expérience, nous tenterons de déterminer quels sont les meilleurs isolants.

IL TE FAUT :
* 3 pots propres avec leurs couvercles, de taille et de forme semblables
* Une chaussette propre
* Du papier à bulles
* Un vieux journal
* De l'eau glacée
* Un réveil, une montre ou un minuteur
* Un thermomètre de cuisson
* Du ruban adhésif
* Une paire de ciseaux

C'est certainement l'expérience la plus « cool » !

Étape 1
Assure-toi que tes pots sont propres et que leur couvercle ferme bien.

Étape 2
Enveloppe chaque pot dans un matériau différent, en veillant à ce qu'une seule couche de matériau recouvre les parois.

Étape 3

Fixe les matériaux avec du ruban adhésif, mais ne recouvre pas le dessus des pots. Aligne ensuite les pots.

Étape 4

Remplis tous les pots d'eau glacée.

Étape 5

Relève la température de l'eau dans chaque pot. Visse les couvercles sur chacun des pots. Note l'heure.

Étape 6

Attends cinq minutes – surveille l'heure. Prends de nouveau la température dans chaque pot. Compare les températures obtenues. Quel pot a permis de garder l'eau la plus froide ?

COMMENT ÇA FONCTIONNE ?

Si tu trouves un matériau qui n'est pas un bon conducteur de chaleur, il se révèlera un excellent isolant. Si la chaleur de l'air n'est pas absorbée par l'eau, l'eau demeurera froide plus longtemps. Quel matériau s'est avéré l'isolant le plus efficace ? Es-tu capable de trouver un meilleur isolant ?

GLOSSAIRE

ADN
Chaîne complexe formée de molécules présente dans chaque cellule d'un organisme, lui conférant ainsi des qualités qui lui sont propres.

Centre de gravité
Point qui marque le centre de la masse d'un objet et qui agit donc comme un point d'équilibre.

Enzyme
Substance chimique qui accélère le processus de réaction entre deux corps.

Équilibre
Équilibre entre deux ou plusieurs objets ou forces.

Force centrifuge
Force qui éloigne un objet qui tourne de son centre de rotation.

Friction
Force qui ralentit les objets en mouvement.

Masse
Quantité de particules élémentaires qui composent un objet. Sur Terre, la masse indique également le poids d'un objet.

Micro-organisme
Créature vivante trop petite pour être visible à l'œil nu.

Molécule
Groupe d'atomes liés les uns aux autres qui forment ce qu'on appelle un composé chimique. C'est la plus petite particule qui possède néanmoins toutes les propriétés chimiques d'une substance.

Polymère
Structure chimique composée de chaînes moléculaires qui se répètent.

Pression de l'air
Pression exercée par l'air sur la surface des objets.

Pressurisé
Maintenu à une pression élevée constante.

Résistance de l'air
Type de friction qui ralentit le mouvement d'un objet dans l'air.

Xylème
Cellules végétales qui composent les tiges et permettent à la plante d'absorber l'eau et les autres nutriments depuis les racines.

Alors c'est ça que ce mot signifie!